逐条解説 シリーズ

逐条解説
●
2017年
銀行法等改正

井上俊剛
●
監修
湯山壮一郎／波多野恵亮／井町大慧／西澤祐樹／竹内裕智
●
編著

商事法務

●はしがき

　2017年5月26日の参議院本会議で、2年連続の銀行法等の改正となる「銀行法等の一部を改正する法律案」が全会一致で可決・成立した。本法律は、フィンテックの動きが世界的規模で加速する中で、利用者保護を確保しつつ、金融機関とフィンテック企業との連携・協働による革新（オープン・イノベーション）を進めていくための制度的枠組みを整備することを意図している。本書は、『逐条解説　2017年銀行法等改正』と題し、その内容を解説するものである。

　本法律の背景としては、フィンテックの進展に伴い、決済関連分野において、近年、顧客と金融機関の間に立ち、顧客の委託を受けて、スマートフォン等を利用して、決済指図の伝達や、金融機関における口座情報の取得・顧客への提供を業として行う者（電子決済等代行業者）が登場・拡大していることがあげられる。このような業者は、フィンテックの動きの中で、顧客のニーズを起点としたサービス展開の一つの核となることが期待される。

　金融機関と電子決済等代行業者のオープン・イノベーションを進めていくためには、電子決済等代行業者が金融機関のシステムに接続し、データを安全に利用できる接続方式であるAPI（Application Programming Interface）が重要な技術としてあげられる。このためには、各金融機関においてAPIの導入が広く進み、電子決済等代行業者に広く開放されること（オープンAPI）が重要であると考えられる。

　本法律では、金融機関にオープンAPI導入の努力義務を課すとともに、電子決済等代行業者に登録制を導入し、情報の適正な管理、業務管理体制の整備等を求め、業務の開始に先立って金融機関との契約締結を求める等、オープン・イノベーションを進めるための制度整備を図っている。

　法律案の策定にあたっては、金融審議会に設置された金融制度ワーキング・グループにおいて、我が国を代表する学識経験者、金融実務家の方々に、5回にわたり審議をいただき、報告書をまとめていただいた。国会審議

においては、与野党の議員から活発な質疑をいただいた。検討の過程では、金融機関、フィンテック企業、IT ベンダー等に、ヒアリングをさせていただいた。また、本書の執筆者を中心とした金融庁のスタッフは、時に夜を徹して、審議会の準備、条文案の作成、国会審議への対応等の業務を行った。今回の法律は、こうした多くの者のオープン・イノベーションの推進に向けた想いが形になったものと考える。

　現在、各金融機関、電子決済等代行業者を中心に多くの方々が、API を活用した新たな金融サービスの実現に向けた取組みを行っている。本書がこうした関係者の本法律に対する理解の一助となり、利用者に多様で利便性の高い新たな金融サービスが提供されることを祈念している。

　2018 年 4 月

井上俊剛

逐条解説　2017年銀行法等改正

も　く　じ

第 1 部　総論

Ⅰ　改正の経緯　2

Ⅱ　改正の背景　5

1　電子決済等代行業者の登場　5

2　銀行システムの安定性・利用者保護の要請及び電子決済等代行業者からの要望　5

3　オープン・イノベーション促進のための銀行法改正　6

Ⅲ　改正の概要　8

1　電子決済等代行業者の範囲（改正後の銀行法第 2 条第 17 項）　8

2　電子決済等代行業者に対する規制の概要　9

3　銀行に求められる措置（改正後の銀行法第 52 条の 61 の 11 等）　11

4　電子決済等代行業者に対する監督規定の整備（銀行法第 52 条の 61 の 12 等）　12

5　認定電子決済等代行事業者協会に関する規定の整備（銀行法第 52 条の 61 の 19 等）　12

6　その他　12

7　電子決済等代行業者関連事項以外の法改正事項　13

8　施行期日　13

9　経過措置等　13

iv　もくじ

第2部　逐条解説編

第1章　総則　16

第2条（定義等）　16

第7章　外国銀行支店　27

第47条の4（外国銀行支店の事業年度）　27
第49条（外国銀行支店の届出）　28

第7章の4　銀行代理業　29

第1節　通則　29

第52条の39（変更の届出）　29

第7章の5　電子決済等代行業　31

第1節　通則　31

第52条の61の2（登録）　31
第52条の61の3（登録の申請）　32
第52条の61の4（登録の実施）　34
第52条の61の5（登録の拒否）　34
第52条の61の6（変更の届出）　41
第52条の61の7（廃業等の届出）　42

第2節　業務　44

第52条の61の8（利用者に対する説明等）　44
第52条の61の9（電子決済等代行業者の誠実義務）　48
第52条の61の10（銀行との契約締結義務等）　49
第52条の61の11（銀行による基準の作成等）　57

第3節　監督　61

第52条の61の12（電子決済等代行業に関する帳簿書類）　62
第52条の61の13（電子決済等代行業に関する報告書）　62
第52条の61の14（報告又は資料の提出）　63
第52条の61の15（立入検査）　66

もくじ v

第 52 条の 61 の 16（業務改善命令）　68
第 52 条の 61 の 17（登録の取消し等）　68
第 52 条の 61 の 18（登録の抹消）　71

第 4 節　認定電子決済等代行事業者協会　72

第 52 条の 61 の 19（認定電子決済等代行事業者協会の認定）　72
第 52 条の 61 の 20（認定電子決済等代行事業者協会の業務）　75
第 52 条の 61 の 21（会員名簿の縦覧等）　76
第 52 条の 61 の 22（利用者の保護に資する情報の提供）　78
第 52 条の 61 の 23（利用者からの苦情に関する対応）　78
第 52 条の 61 の 24（認定電子決済等代行事業者協会への報告等）　79
第 52 条の 61 の 25（秘密保持義務等）　80
第 52 条の 61 の 26（定款の必要的記載事項）　82
第 52 条の 61 の 27（立入検査等）　82
第 52 条の 61 の 28（認定電子決済等代行事業者協会に対する監督命令等）　83
第 52 条の 61 の 29（認定電子決済等代行事業者協会への情報提供）　84

第 5 節　雑則　86

第 52 条の 61 の 30　86

第 8 章　雑則　87

第 53 条（届出事項）　87
第 56 条（内閣総理大臣の告示）　88

第 9 章　罰則　90

第 61 条　92
第 62 条　92
第 63 条　93
第 63 条の 2 の 4　94
第 63 条の 2 の 5　95
第 63 条の 3　95
第 64 条　96
第 65 条　97
第 66 条の 2　102
第 67 条　102

vi　もくじ

改正法附則　103

　第1条（施行期日）　103
　第2条（銀行法の一部改正に伴う経過措置）　103
　第10条（銀行等による方針の決定等）　107
　第11条（銀行等の努力義務）　110
　第20条（その他の経過措置の政令への委任）　111

第3部　参考資料

　事項索引　149

●執筆者等紹介

[監修]
井上　俊剛（金融庁総務企画局信用制度参事官）

[編著]
湯山壮一郎（金融庁総務企画局企画課信用制度参事官室課長補佐）
波多野恵亮（金融庁総務企画局企画課信用制度参事官室専門官）
井町　大慧（金融庁総務企画局企画課信用制度参事官室課長補佐）
西澤　祐樹（金融庁総務企画局企画課信用制度参事官室課長補佐）
竹内　裕智（金融庁総務企画局企画課信用制度参事官室係長）

[立案担当者]
湯山壮一郎（金融庁総務企画局企画課信用制度参事官室課長補佐）
和田　弘之（金融庁総務企画局企画課信用制度参事官室課長補佐）
波多野恵亮（金融庁総務企画局企画課信用制度参事官室専門官）
井町　大慧（金融庁総務企画局企画課信用制度参事官室課長補佐）
西澤　祐樹（金融庁総務企画局企画課信用制度参事官室課長補佐）
小川　善仁（金融庁総務企画局企画課信用制度参事官室係長）
竹内　裕智（金融庁総務企画局企画課信用制度参事官室係長）
竹岡　陽介（金融庁総務企画局企画課信用制度参事官室係長）
若菜　耕太（金融庁総務企画局企画課信用制度参事官室係長）

※ 肩書きは立案当時のものである。

●執筆担当

[第1部]

井上　俊剛
湯山壮一郎
波多野恵亮
井町　大慧
西澤　祐樹
竹内　裕智

[第2部]

井上　俊剛
湯山壮一郎
波多野恵亮
井町　大慧
西澤　祐樹

[第3部]

井上　俊剛
湯山壮一郎
和田　弘之
波多野恵亮
井町　大慧
西澤　祐樹
小川　善仁
竹内　裕智
竹岡　陽介
若菜　耕太

●凡例

　本書においては、特に断りのない限り以下のように略記する。

1．改正法：銀行法等の一部を改正する法律（平成29年法律第49号）
2．銀行法：銀行法（昭和56年法律第59号）

第1部

総論

I 改正の経緯

　フィンテック（ITを活用した革新的な金融サービス事業）の動きが世界的規模で進展し、金融業に大きな変革をもたらしつつある。こうしたフィンテックの動きについては、単なる金融サービスのIT化に留まらず、金融取引の仕組みを変革し^(注1)、さらには、金融サービスを提供する構造あるいはエコシステム自体を変えていく可能性が高いことが指摘されている。

　このことは、金融機関の業務の将来像にも強い影響を及ぼしている。欧米の主要な金融機関では、近時の環境変化が危機感を持って捉えられ、フィンテックの動きに戦略的に対応する動きが活発化している。我が国の金融機関においても、IT技術の取込みに留まらず、環境変化に適応したビジネスモデルの構築も含め、機動的な対応を進めていくことが重要な課題となっている。

　同時に、近時のフィンテックによる金融サービスのイノベーションが、主に、IT企業をはじめとするノンバンク・プレーヤーにより牽引されていることに鑑みれば、金融機関のみならず多様なプレーヤーが参加する中で、利用者保護等を確保しつつ機動的に金融サービスのイノベーションが図られるようにすることが求められている。

　こうした金融サービスをめぐる構造的変化の中にあって、特に進んだ展開が示されている分野の一つが、決済関連サービス分野となっている。例えば、フィンテックの進展に伴い、ノンバンク・プレーヤーが、従来金融機関が担ってきた業務を分化させつつサービスとして提供する「アンバンドリング化^(注2)」が進んでいるが、そうした構造的変化は、特に、決済関連サービス分野において顕著となっている^(注3)。

　こうした状況を踏まえ、今般の法改正に際しては、金融審議会「金融制度ワーキング・グループ」において、議論・検討が行われた。

　金融審議会においては、これまでフィンテックの進展等、最近の金融を

めぐる環境変化への対応に関し、「金融グループを巡る制度のあり方に関するワーキング・グループ」及び「決済業務等の高度化に関するワーキング・グループ」において審議が行われた。

これらのワーキング・グループでは、審議内容を踏まえた報告書が取りまとめられ、当該報告の内容を踏まえ、法制面での対応については、銀行法等の改正（情報通信技術の進展等の環境変化に対応するための銀行法等の一部を改正する法律（平成28年法律第62号））が行われたところである。

他方、これらワーキング・グループの報告以降も、フィンテックの動きはより一層の進展を見せており、そうした状況も踏まえ、金融審議会に新たに「金融制度ワーキング・グループ」が設置され、とりわけ、決済関連法制の整備等について検討が行われ、平成28年12月、審議結果を取りまとめた報告書が公表された[注4]。

本報告書は、利用者保護を確保しつつ、金融機関とフィンテック企業とのオープン・イノベーション（外部との連携・協働による革新）を進めていくための制度的枠組みの在り方等についての審議を取りまとめたものとなっており、本報告書の内容を踏まえ、制度面の手当てが必要なものについて、法律案の策定が行われ、平成29年3月3日に、銀行法等の一部を改正する法律案が国会に提出された。その後、国会審議を経て、本法律案は同年5月26日に成立し、同年6月2日に公布された（銀行法等の一部を改正する法律（平成29年法律第49号））。

(注1)　フィンテックの動きにおいては、単なる金融サービスのIT化に留まらず、例えば、ブロックチェーン技術の活用等による金融取引の仕組みの変革や、AI（人工知能）・ビッグデータ等、従来見られなかったIT関連技術の取込みが見られる。

(注2)　アンバンドリングとは、一般的には、複数の要素や機能が束ねられることによって構成されている商品やサービスを個々の要素や機能に分解することをいう。

(注3)　例えば、海外では、電子商取引市場の運営事業者が決済や取引に関する情報を活用し、グループ内の関連企業や銀行を通じて、電子商取引市場の参加者に融資を行うサービスも登場しているほか、中国の大手IT関連企業のように、決済を軸として、融資のみならず預金受入れに相当するような業務を展開しているケースも登場している。

(注4)　ワーキング・グループが取りまとめた報告書については、第3部参考資料又

は以下を参照されたい。

　　金融審議会「金融制度ワーキング・グループ報告―オープン・イノベーションに向けた制度整備について―」（平成 28 年 12 月 27 日）

　　（http://www.fsa.go.jp/singi/singi_kinyu/tosin/20161227-1.html）

Ⅱ 改正の背景

1 電子決済等代行業者の登場

　金融サービスにおいて、利用者からの委託を受け、利用者と金融機関の間で、サービスの仲介を行う業者が登場している。とりわけ、フィンテックの進展に伴い、決済に関し、利用者からの委託を受け、IT技術を活用して、銀行に利用者の決済指図を伝達し、又は、銀行から口座に係る情報を取得し利用者に提供する事業者（電子決済等代行業者）が拡大しており、決済サービスにおいて重要な役割を果たすようになっている。

　ところが、現行の銀行法にあっては、銀行からの委託を受け、銀行と利用者との間で、預金、貸付、為替取引等を内容とする契約の締結の代理又は媒介を行う場合には、銀行代理業として規制の対象となる一方、電子決済等代行業のように、利用者からの委託を受け、銀行と利用者との間でサービスの仲介を行う業については、規制の対象となっていない。

2 銀行システムの安定性・利用者保護の要請及び電子決済等代行業者からの要望

　電子決済等代行業については、以下のようなリスクが指摘されており、銀行システムの安定性と利用者保護を図る観点から、電子決済等代行業者を対象とした新たな法的枠組みの整備が求められていた。

　—決済に関する銀行システムに接続して、銀行に決済指図を伝達し、又は、銀行から口座に係る情報を取得するため、事業者のセキュリティ等に問題があった場合には、銀行システムの安定性を害するおそれがある。

　—利用者の決済指図が銀行に正確に伝達されないこと、又は、口座に係る情報が利用者に正確に提供されないことにより、決済に至るプロセスの的確性が確保されず、決済の安定性を害するおそれがある。

6　第1部　総論　Ⅱ　改正の背景

　　―利用者の口座等の認証情報（IDやパスワード）を預かり、利用者に成り
　　　代わって銀行システムにアクセスするため、情報漏えいや認証情報を
　　　悪用した不正送金等により、利用者が不利益を被るおそれがある。
　　また、電子決済等代行業者からも、金融審議会のワーキング・グループ
　等において、「現状、法制上の枠組みが存在しないことが銀行との連携・協
　働の妨げとなり、円滑なサービス展開等の障害となっている」との問題意
　識から、法制度の整備を求める声が上がっていた。
　　このように、電子決済等代行業者に関する法的枠組みの整理は、利用者
　サイドと電子決済等代行業者サイドの双方から早急な実施が求められる状
　況にあった。

3　オープン・イノベーション促進のための銀行法改正

　　改正法においては、新たな業態の出現に対応し、規制体系を設けて規律
　の対象とするという従来型のアプローチだけではなく、電子決済等代行業
　者の接続先となる銀行に対しても一定の義務を課すことで、銀行と電子決
　済等代行業者とのオープン・イノベーションを促進することが企図されて
　いる。
　　具体的には、改正法には、
　　―（オープン・イノベーションを促進する観点から、）銀行は、電子決済等代
　　　行業者との契約の締結に係る基準を作成・公表し、これを満たす電子
　　　決済等代行業者については、不当に差別的な取扱いをしてはならない
　　　こととする。
　　―（オープンAPI[注]を促進する観点から、）電子決済等代行業者と契約を締
　　　結しようとする銀行は、改正法の公布後一定期間内に、電子決済等代
　　　行業者が、口座に係るID・パスワード等を預かることなく、銀行シス
　　　テムに接続できる体制を整備するよう努めるものとする。
　といった内容が盛り込まれている。

　（注）　銀行のAPI（Application Programming Interface）とは、銀行以外の者が、銀行
　　　　システムに接続し、その機能や管理する情報を呼び出して利用するための接続方式
　　　　等を指す。このうち、銀行が、銀行の外部のフィンテック企業等にAPIを提供し、

銀行システムの機能を利用できるようにすることを「オープン API」という（銀行システムに接続して利用者に関する情報の参照等を行う際には、当該利用者の同意を条件とすることで、利用者に関する情報の安全管理が担保される）。オープン API は、フィンテック企業等との安全な連携を可能とする技術であり、オープン・イノベーションを実現していくためのキーテクノロジーの一つとの指摘がある。

このように、利用者保護を確保しつつ、我が国において金融機関とフィンテック企業とが連携・協働することによって、IT の進展等を活用した多様なサービス展開が可能となり、高度かつ利便性の高い金融サービスが利用者に確保される状況の実現を法制度によって後押ししようとする点に、改正法の特徴がある。

Ⅲ 改正の概要

　改正法は、情報通信技術の進展等の金融サービス業をめぐる環境変化に対応し、金融機関とフィンテック企業等との適切な連携・協働を推進するとともに利用者保護を確保するため、①電子決済等代行業者に登録制を導入し、利用者に関する情報の安全管理や、電子決済等代行業を営むに際しての金融機関との契約締結等を求めること、②金融機関に対し、電子決済等代行業者との契約の締結に係る基準の作成・公表等を求めること等を内容とするものである。

1　電子決済等代行業者の範囲（改正後の銀行法第2条第17項）

　電子決済等代行業は、改正後の銀行法第2条第17項に定義されている。

　第1号においては、預金者の委託を受けて、電子情報処理組織を使用する方法により、銀行に対して、預金者による為替取引の指図やその内容の伝達を行う、いわゆる電子送金サービスが規定されている。

　第2号においては、預金者等の委託を受けて、電子情報処理組織を使用する方法により、銀行から口座に関する情報を取得し、これを提供する、いわゆる口座管理・家計簿サービスが規定されている。

　もっとも、このような定義に該当するサービスであっても、利用者保護の観点から規制の対象とする必要性が認められない類型のサービスについては、内閣府令の定めにより適用対象外とされることとなっている（改正後の銀行法第2条第17項柱書中のかっこ書）。法律上は、「第1号に規定する預金者による特定の者に対する定期的な支払を目的として行う同号に掲げる行為」、すなわち、家賃や公共料金等の定期的な支払に利用されている伝統的な口座振替の代行サービスが、その例示として掲げられている。

2　電子決済等代行業者に対する規制の概要

(1)　登録制の導入（改正後の銀行法第52条の61の2、第52条の61の5等）

　電子決済等代行業者が、その業務において、決済指図の内容を誤って伝達した場合や利用者に伝達した口座情報に誤りがあった場合、利用者が適切に決済を完了できない事態が生じるなど、決済システムの安定性に悪影響を与えるおそれがある。また、一般利用者の為替取引や口座に関する情報という、機微な情報を取り扱う業務でもあり、不適格者によってこれらの情報が入手・悪用されることを防止する必要がある。こうした観点を踏まえ、登録制が導入されることとなった。

　もっとも、電子決済等代行業は、その定義上、利用者の金銭等を預からない行為を対象としており、金銭の預託を受ける資金移動業等と比較した場合、預託された金銭の消失といったリスクを伴うものではない。

　そこで、資金移動業者等と同様の「登録制」でありながらも、その内容は相対的に軽微なものとなっており、

　―業務を適正・確実に遂行するために必要な財産的基礎を有していること

　―業務を適正・確実に遂行する体制の整備が行われていること

　―過去に銀行法上の罰則を科され、又は、登録を取り消されてから一定の期間が経過していない者等の不適格者ではないこと

などが、登録の要件とされている。一方、例えば、国内拠点の設置や法人であることといった要件は求められていない。

　また、上記の「必要な財産的基礎」については、内閣府令で規定されることになるが、純資産額が負の値でないことが想定されている。

(2)　利用者に対する説明等（改正後の銀行法第52条の61の8）

　利用者が、電子決済等代行業者のサービスを利用するか否かを判断するにあたり、電子決済等代行業者は、その判断材料となる情報を提供することが適切である。

　そこで、改正後の銀行法においては、電子決済等代行業者に対し、サー

ビスの提供に先立って、以下の情報の利用者への提供を義務付けることとしている。

―電子決済等代行業者の商号、名称又は氏名及び住所

―電子決済等代行業者が有する権限（銀行の提供するサービスではないこと及び銀行を代理・媒介する権限を有しないこと等）

―電子決済等代行業者の損害賠償に関する事項（電子決済等代行業のサービスから利用者に損害が生じた場合に、銀行又は電子決済等代行業者のいずれから賠償を受けられるのか及びその手続等）

―電子決済等代行業者が利用者からの苦情又は相談に応ずる営業所又は事務所の連絡先

また、同様に、利用者保護の観点から、電子決済等代行業者に対し、銀行業務との誤認防止のための情報提供、利用者に関する情報の適正な取扱い・安全管理及び業務を第三者に委託する場合の的確な遂行その他の健全かつ適切な運営を確保するための措置が求められている。

(3) 銀行との契約締結義務（改正後の銀行法第 52 条の 61 の 10）

現在、電子決済等代行業に該当する業務を行う者の中には、利用者から口座に係る ID・パスワード等の提供を受け、それを使って利用者に成り代わって銀行のシステムに接続する手法（スクレイピングと呼ばれる）によってサービスを提供している者が存在する。

このような手法については、次の問題が指摘されている。

―口座に係る ID・パスワードといった重要な利用者の認証情報を事業者に取得・保有させることとなり、利用者に関する情報の漏えい、認証情報を悪用した不正送金等、セキュリティ上の問題が生じるおそれがある。

―電子決済等代行業者からのアクセスの増大に伴い銀行システムへ過剰な負担が生じている可能性がある。

―スクレイピングを行う事業者のコストが API による場合に比して増大し、結果として社会全体のコストを増大させる可能性がある。

そこで、改正後の銀行法第 52 条の 61 の 10 第 1 項では、電子決済等代行

業者はサービスの提供前に、接続先の銀行との契約締結を行うこととし、より安全な接続方式であるAPIへの移行を促している。

銀行と電子決済等代行業者との間の契約においては、利用者保護を図る観点から、電子決済等代行業者の業務に関して利用者に損害が生じた場合における銀行と電子決済等代行業者との賠償責任の分担について規定することを求めている（改正後の銀行法第52条の61の10第2項第1号）。また、電子決済等代行業者の業務の適正性を確保するため、電子決済等代行業者による利用者に関する情報の適正な取扱い及び安全管理のために行う措置並びに当該措置が講ぜられなかった場合に銀行が講ずることができる措置の内容について規定することを求めている（同項第2号）。併せて、これらの事項の内容を公表することを求めている（同条第3項）。

3 銀行に求められる措置（改正後の銀行法第52条の61の11等）

改正法においては、オープン・イノベーション及びオープンAPIの促進の観点から、銀行にも一定の対応が求められている。

まず、改正法附則の規定においては、銀行は改正法の公布後9ヶ月以内に電子決済等代行業者との連携及び協働に係る方針を決定・公表することとされている（同法附則第10条）。

また、電子決済等代行業者と契約を締結しようとする銀行については、改正法の施行の日から2年を超えない範囲内で政令で定める日までに、電子決済等代行業者が利用者の口座に係るID・パスワード等を取得することなく電子決済等代行業を営むこと（すなわち、スクレイピングからオープンAPIへの転換）を可能とするよう、体制整備に努めることとされている（同法附則第11条）。

加えて、改正後の銀行法第52条の61の11においては、銀行は、電子決済等代行業者との契約の締結に係る基準を作成・公表し、これを満たす電子決済等代行業者については、不当に差別的な取扱いをしてはならないこととされている（同条第3項）。

4 電子決済等代行業者に対する監督規定の整備（銀行法第52条の61の12等）

電子決済等代行業者に関し、帳簿書類及び報告書の作成、報告又は資料の提出命令、立入検査、業務改善命令、登録の取消し、登録の抹消等の監督規定を整備している。

5 認定電子決済等代行事業者協会に関する規定の整備（銀行法第52条の61の19等）

電子決済等代行業者が設立した一般社団法人であって、電子決済等代行業の適切な実施の確保を目的とすること等の要件に該当すると認められるものを、法令遵守のための会員に対する指導等を行う者として認定することができることとするなど、認定電子決済等代行事業者協会に関する規定を整備している。

6 その他

農業協同組合法、水産業協同組合法、中小企業等協同組合法、協同組合による金融事業に関する法律、信用金庫法、労働金庫法、農林中央金庫法、株式会社商工組合中央金庫法においても、銀行法の電子決済等代行業の制度整備に係る改正に準じて、所要の規定の整備を行っているほか、以下の制度整備を実施している。

① 信用金庫電子決済等代行業者等は、信用金庫連合会等の会員である信用金庫等が同意をしている場合には、当該信用金庫連合会等との間で契約を締結し、信用金庫電子決済等代行業等を行うことができることとしている。

② 信用金庫連合会等が行う業務の付随業務として、会員である信用金庫等の電子決済等代行業に係る契約の締結及び基準の作成業務を加えることとしている。

③ 銀行法において電子決済等代行業の登録を受けた者が信用金庫等と接続して電子決済等代行業を行おうとするときは、登録を受けることなく、届出書の提出のみで足りることとしている。

7 電子決済等代行業者関連事項以外の法改正事項

　電子決済等代行業者に対する制度整備のほか、改正法においては、①外国銀行支店について、従来の「4月1日から翌年3月31日まで」を事業年度とする方法以外に、当該外国銀行の本店に合わせた事業年度を採用することができるようにすること、②銀行代理業者について、一時的な営業所の位置変更については届出を不要とすることができるようにすることを目的とした改正（改正後の銀行法第47条の4、第52条の39第1項）等も規定されている。

8 施行期日

　改正法の施行日については、公布の日から1年以内の政令で定める日から施行することとしている。ただし、下記9③、④については公布の日から施行することとしている。

9 経過措置等

①　改正法の施行の際、電子決済等代行業等を行っている者は、施行日から6ヶ月間は、登録を受けなくても当該電子決済等代行業等を行うことができることとしている。

②　施行日から2年以内の政令で定める日までは、銀行等の口座情報を取得し、これを預金者等に提供することのみを行っている電子決済等代行業者等は、銀行等との間の契約締結義務を猶予することとしている。

③　銀行等は公布の日から9ヶ月を経過する日までに電子決済等代行業者等との連携及び協働に係る方針を決定し、公表しなければならないこととしている。

④　電子決済等代行業者等との間で電子決済等代行業等に係る契約を締結しようとする銀行等は、施行日から2年以内の政令で定める日までに、当該電子決済等代行業者等が、利用者から当該利用者に係る識別符号等（ID・パスワード等）を取得することなく電子決済等代行業等を営むことができるよう、体制の整備に努めなければならないこととしている。

第2部

逐条解説編

16　第2部　逐条解説編

第1章　総則

第2条（定義等）

第17項　新設

改　正　後
第二条
17　この法律において「電子決済等代行業」とは、次に掲げる行為（第一号に規定する預金者による特定の者に対する定期的な支払を目的として行う同号に掲げる行為その他の利用者の保護に欠けるおそれが少ないと認められるものとして内閣府令で定める行為を除く。）のいずれかを行う営業をいう。
一　銀行に預金の口座を開設している預金者の委託（二以上の段階にわたる委託を含む。）を受けて、電子情報処理組織を使用する方法により、当該口座に係る資金を移動させる為替取引を行うことの当該銀行に対する指図（当該指図の内容のみを含む。）の伝達（当該指図の内容のみの伝達にあつては、内閣府令で定める方法によるものに限る。）を受け、これを当該銀行に対して伝達すること。
二　銀行に預金又は定期積金等の口座を開設している預金者等の委託（二以上の段階にわたる委託を含む。）を受けて、電子情報処理組織を使用する方法により、当該銀行から当該口座に係る情報を取得し、これを当該預金者等に提供すること（他の者を介する方法により提供すること及び当該情報を加工した情報を提供することを含む。）。

(1)　総論

　本項では、決済に関する銀行システムにアクセスして、利用者にサービスを提供するものを電子決済等代行業として定義するものである。こうしたサービスの類型として、第1号では、銀行に対し為替取引に係る指図の伝達を行うもの、第2号では、銀行から口座情報を取得し利用者に提供するものを規定している。

　こうしたサービスには、①決済に関する銀行システムに接続するため、業者のセキュリティ等に問題があった場合には、銀行システムの安定性を害するおそれがあること、②適切なサービスがなされないことにより、決済に至るプロセスの的確性が確保されず、決済の安定性が害されるおそれがあること、③利用者の口座等の認証情報を預かるため、情報漏えいや認

証情報を悪用した不正送金等により、利用者が不利益を被るおそれがあることから、電子決済等代行業として規制の対象としている。

(2) 第1号に掲げる行為

① 預金者からの委託を受け、電子情報処理組織を使用する方法により、預金者による為替取引に係る指図の伝達（当該指図の内容のみの伝達を含む）を受け、これを銀行に対し伝達するものを対象としている。

② 「預金者の委託」について

「委託」とは二段階以上にわたる委託を含むこととしている。

また、「委託」とは、電子情報処理組織を使用する方法により、為替取引に係る指図の伝達を行うことの委託でなくてはならない。例えば、利用者との間で電話サービスの提供を委託された電話会社の回線を通じて為替取引に係る指図が伝達されたとしても、電話会社の行為は本号には該当しない。

③ 「電子情報処理組織を使用する方法により」について

本号においては、以下の理由から、為替取引に係る指図の伝達を受け、銀行に伝達をするという一連の過程が、電子情報処理組織を使用して行われる場合のみを対象としている。

・為替取引に係る指図が電子情報処理組織を使用して伝達される場合には、第三者による不正アクセス等の情報セキュリティ上のリスクが高く、これにより、不正送金等が行われるリスクも高くなるため、こうした業を行う者に、一定の体制整備義務や情報の安全管理義務等を課す必要がある。

・また、為替取引に係る指図の伝達を電子情報処理組織を用いて行う場合には、技術的には、預金者から銀行口座のパスワード等を預かることにより、銀行が認知しないところで行うことも可能となるため、これにより銀行システムに負荷をかけ、決済の安定性に悪影響を与えるリスクがある。そのため、こうした業については、銀行との契約において情報セキュリティ管理上の措置等について定め、これに基づいて業務が行われる必要がある。

「電子情報処理組織を使用する方法」とは、インターネットのような公衆回線を利用する方法のほか、専用回線を利用するものも含まれるが、磁気ディスクを交付するなどの方法は含まれない。

なお、「委託」行為については、電子情報処理組織を用いて行われるものに限定されない。

④ 「為替取引を行なうことの当該銀行に対する指図の伝達を受け」について

「指図」とは、指図人が被指図人に対して、指図人の計算において、第三者に金銭その他の代替物を給付させる権限を与える行為(意思表示)をいい、本号での「為替取引に係る指図」とは、預金者が銀行に対して、預金者の預金の口座に係る資金を第三者に移動させる権限を与える行為(意思表示)をいう。

「伝達」とは、代理に類似するが、これとは区別されるものであり、代理においては、代理人が意思表示を行うのに対し、「伝達」は、意思表示そのものは預金者が行うが、預金者が行った意思表示の内容を「使者」として銀行に伝えることをいう。

⑤ 「指図(当該指図の内容のみを含む。)の伝達(当該指図の内容のみの伝達にあつては、内閣府令で定める方法によるものに限る。)」について

為替取引に係る指図の伝達を行う行為に加え、当該指図の内容のみを伝達する行為のうち、内閣府令で定める方法によるものを同様に対象とすることとしている。

例えば、利用者が、電子決済等代行業者が提供する決済サービスの画面上で為替取引に係る指図の実行を行う場合には、当該事業者は、利用者の指図を銀行に伝達することになる。これに対し、事業者が為替取引に係る指図の内容(支払金額、支払先等)を整理・作成し、銀行のインターネット・バンキングにこれらの情報を引き継ぐものの、最終的な指図の実行は、利用者が自らインターネット・バンキング上で行うという場合には、当該事業者は、指図の内容の伝達は行っているものの、指図自体の伝達は行っていない。

しかし、こうした場合にも、例えば、事業者が、指図の内容を誤伝達す

ることにより決済が適切に実行されないリスク等が存在しているのであり、それにもかかわらず、こうした場合を電子決済等代行業の対象外とすると、システムの構築方法等により容易に潜脱することが可能となるおそれがある。

そのため、本号では、指図の内容のみの伝達（内閣府令で定める方法によるものに限る）を行う場合であっても、電子決済等代行業の対象とすることとしている。

⑥ 「これを当該銀行に対して伝達する」について

自ら主導的に、銀行に対して為替取引に係る指図の伝達を行うことをいい、銀行又は他の事業者に対し、指図の伝達のために利用する電子情報処理組織を提供するにすぎない場合はこれに含まれない。

そのため、例えば、通信サービスを受託するにすぎない電話会社やインターネットプロバイダー、電子決済等代行業者にAPIを提供するシステムベンダー、電子決済等代行業者が伝達する電文を各銀行の仕様に変換するサービスの提供者の行為は、電子決済等代行業に該当しない。

また、ここでの「伝達」は、銀行に対して、直接為替取引に係る指図の伝達を行うことをいう。

例えば、預金者が、A社に委託し、A社がB社に再委託をして、B社が銀行に対して、為替取引に係る指図（決済指図）の伝達を行う場合、B社の行為は本号の行為に該当し得るが、A社の行為は本号に該当しない（ただし、例えば、A社が、法の潜脱目的で、実態のないB社を銀行との間に介在させるような場合には、銀行に直接接続しているのはA社だと評価される場合がある）。

この場合、A社は銀行システムに直接接続しないため、銀行システムの安定性の観点からの規制の必要性は高くないと考えられる。他方、A社についても利用者保護の観点から、情報セキュリティが確保される必要があ

20　第2部　逐条解説編

るが、この点については、B社が、銀行との間で締結する電子決済等代行業に係る契約（第52条の61の10第1項）の一内容として、A社の業務についても、情報セキュリティを確保するための措置に関する事項が定められることが想定される（具体的内容は内閣府令で定める）。そのため、B社を介して、A社の情報セキュリティが確保されることとなると考えられる。

　また、A社は、「電子決済等代行業者と電子決済等代行業の業務に関して取引する者」として報告、資料の提出、立入検査の対象となる（第52条の61の14第2項、第52条の61の15第2項）。

　⑦　銀行代理業・銀行の外部委託先との関係

　電子決済等代行業者が行うサービスが、本号の行為に該当すると同時に、銀行と預金者との間の為替取引を内容とする契約の締結の媒介（媒介とは他人間の法律行為の成立に尽力する事実行為をいう）に該当する場合が考えられる[注]。この場合、商法上の仲立人（商法第543条）に該当する可能性がある点にも留意が必要である。

　また、この場合に、電子決済等代行業者が預金者のみならず、銀行からも委託を受けていると認められる場合には、当該電子決済等代行業者は、銀行代理業（第2条第14項）を行うものとして、第7章の4の規定の適用も受けることとなる。

　さらに、電子決済等代行業者が行うサービスが、為替取引を内容とする契約の締結の媒介に該当しない場合でも、銀行からも委託を受けていると認められる場合には、銀行の外部委託先の管理の対象となる（第12条の2第2項）。

> [注]　「為替取引に係る指図の伝達」には法律行為の成立に尽力しているとまでは評価されず、媒介に至らない行為も含まれるものと思われる。他方、為替取引に係る指図の伝達以外の方法により、為替取引を内容とする契約の締結の媒介を行うことも考えられる。

(3)　第2号に掲げる行為

　①　預金者等からの委託を受けて、電子情報処理組織を使用する方法により、銀行から、当該預金者等の預金の口座に係る情報を取得し、こ

れを当該預金者等に提供すること（他の者を介する方法により提供すること及び当該情報を加工した情報を提供することを含む）を対象としている。
② 「預金者等の委託」について
「委託」とは二段階以上にわたる委託を含むこととしている。

また、「委託」とは、電子情報処理組織を使用する方法により、口座情報の取得・提供を行うことの委託でなくてはならないのであって、例えば、利用者との間で電話サービスの提供を委託された電話会社の行為が本号に該当しないのは、第1号の場合と同様である。
③ 「電子情報処理組織を使用する方法により」について
第1号の場合と同様、情報セキュリティ上のリスクの高さや銀行システムへの影響の大きさから、銀行からの口座情報の取得及び利用者への情報提供という一連の過程が電子情報処理組織を使用して行われる場合を対象としている。
④ 「銀行から当該口座に係る情報を取得し」について
「口座に係る情報」とは、預金口座の残高や取引履歴などの情報をいう。
「銀行から当該口座に係る情報を取得し」とは、自ら主導的に、銀行から口座情報の取得を行うことをいい、銀行又は他の事業者に対し、銀行から口座情報を取得するために利用する電子情報処理組織を提供するにすぎない場合（電話会社、インターネットプロバイダー等）は、これに含まれない。

また、ここでの「取得」とは、銀行から、直接情報の取得を行うことをいう。

例えば、預金者が、A社に委託し、A社がB社に再委託をして、B社が銀行から口座情報の取得を行う場合、B社の行為は本号に該当し得るが、A社の行為は本号には該当しない。

この場合、第1号の場合と同様、B社が、銀行との間で締結する電子決済等代行業に係る契約（第52条の61の10第1項）の一内容として、A社の

業務についても、情報セキュリティを確保するための措置に関する事項が定められることが想定され、また、A社は、「電子決済等代行業者と電子決済等代行業の業務に関して取引する者」として報告、資料の提出、立入検査の対象となる（第52条の61の14第2項、第52条の61の15第2項）。

⑤　銀行の外部委託先との関係

電子決済等代行業者が行うサービスが、預金者からのみならず、銀行からも委託を受けていると認められる場合には、銀行の外部委託先の管理の対象となる（第12条の2第2項）。

⑷　適用除外（柱書かっこ書）

①　預金者による特定の者に対する定期的な支払を目的として行う第1号に掲げる行為

第1号に規定する行為のうち、預金者から、当該預金者による特定の者に対する定期的な支払を目的として行うことの委託を受けて行われるものについては、適用除外としている。

これは、従来から提供されてきた家賃や公共料金の支払に利用される口座振替代行サービスを念頭に置いたものである。このような口座振替代行サービスにおいては、事業者は、利用者から委託（黙示の委託である場合も考えられる）を受けた利用企業（ガス会社、電気会社等）から委託（利用者からみた場合には再委託）を受けて、銀行に対し為替取引に係る指図を伝達していることから、第1号の定義に該当し得るが、以下のとおり、不正アクセス等によるリスクが低いと考えられることから、適用除外とするものである。

・為替取引に係る指図の伝達が、特定の相手方に対する定期的な支払のために行われる場合には、支払先並びに支払がなされる時期及びサイクルが限定されていること、銀行に指図が伝達されても、直ちに銀行口座からの引落しが実行されないことから、第三者の不正アクセスや業者のミス等により、不正な指図がなされたとしても、銀行や事業者が認知して被害を防止できる可能性が高い。

・また、仮に不正な指図等がなされたとしても、特定の相手方への支払

しかなされないことから、被害の回復が容易である。

支払の相手方である「特定の者」とは、必ずしも銀行からの直接の資金の移動先や法的な債権者を指すものではなく、サービスの実態等を踏まえて判断される。例えば、口座振替代行サービスにおいては、口座振替代行サービス業者は、利用企業から代理受領権を付与されて、銀行から利用料金を代理受領した上で、利用企業に利用料金を支払うことが多いと考えられる。この場合、銀行からの直接の資金の移動先は口座振替代行サービス業者であるが、こうしたサービスは、あくまで利用者から利用企業への支払を目的としたサービスであることから、口座振替代行サービス業者ではなく、利用企業が「特定の者」に該当することになる。

また、ここでの「特定の者」が、銀行に対して為替取引に係る指図を伝達する事業者自身である場合もあり得る。例えば、口座振替サービスでは、支払の相手方である利用企業が、口座振替代行サービス業者を介さずに、自ら銀行に対して為替取引に係る指図の伝達を行う場合がある（電気会社、クレジットカード会社等でこうした例が多い）が、こうした場合も、本項による適用除外に該当し得る。

なお、本項で適用除外とされているのは定期的な支払を目的とするものに限定されており、例えば、口座振替代行サービスであっても、電子商取引サイトにおける即時の支払のために利用されるものについては、ここでの適用除外には該当しない。

②　その他の内閣府令で定めるものについて

そのほか、利用者の保護に欠けるおそれが少ないと認められるものとして内閣府令で定めるものについて適用除外とされることが予定されている。

内閣府令においては、例えば、第1号に規定する行為のうち、預金者から国・地方公共団体への支払を目的とするものである場合（例えば、ふるさと納税に利用される口座振替代行サービス）は、支払の相手方が信用のある者であり、不正な指図がなされるリスクが少なく、誤決済等の場合の組み戻しも容易であることから、こうした場合などを適用除外として規定することが想定されている。

24　第2部　逐条解説編

(5)　銀行の業務範囲規制との関係

　電子決済等代行業は、銀行業務と密接な関連性を有する一方で、様々な形態による業務の展開が想定されることから、これを銀行（本体）が担うことができるかは、個別の事案ごとに「その他の付随業務」（第10条第2項柱書）に該当するか否かの判断を行うことが適切であると考えられる。具体的には、

- ・銀行法第10条第1項各号及び第2項各号に掲げる業務に準ずるものといえるか
- ・その業務規模が、銀行の固有業務に比して過大ではないか
- ・銀行業務との機能的な親近性や、リスクの同質性が認められるか
- ・銀行の固有業務遂行の中で正当に生じた余剰能力の活用に資すると認められるか

といった観点から判断していく必要がある。

　他方、電子決済等代行業を営む会社を子会社として保有することについてみると、子会社が営むことができる類型の一つである「金融関連業務」は「銀行業、有価証券関連業、保険業又は信託業に付随し、又は関連する業務」とされている（第16条の2第2項第2号）ところ、子会社における業務は本体における業務に比して銀行業の利用者との関係でのリスク遮断効果が大きいことから、ここでいう「関連性」については緩やかに解釈されている。ここで、電子決済等代行業者は、必ず銀行と接続し、かつ銀行の行う為替取引に係る決済指図の伝達又は銀行口座の情報の提供といった、銀行業に密接に関連する業務を行っており、強い関連性が認められる。そこで、金融関連業務の類型を規定する銀行法施行規則（第17条の3第2項）において、電子決済等代行業の業務を新たな類型として追加することを想定している。

【近接する業態との関係の整理】

電話会社	自ら主導的に為替取引に係る指図の伝達又は口座に係る情報の取得を行うものではなく、電子決済等代行業者が指図の伝達又は情報の取得を行うた

	めの電子情報処理組織を提供するにすぎないことから、電子決済等代行業には該当しない。
インターネットプロバイダー	同上
電文変換サービス	同上
インターネットバンキングサービス・エレクトロニックバンキングサービス	銀行からの委託を受けて、銀行が提供するサービスに用いられるシステムを提供しているだけであり、利用者からの委託は受けていないことから、電子決済等代行業には該当しない。
API提供者（システムベンダー）	同上
代理人（弁護士等）	依頼者から資金を預かり、自らの銀行口座に当該資金を預けた上、(依頼者の依頼のとおり)為替取引に係る指図を行う場合、銀行からみて、利用者は銀行口座を保有する代理人（弁護士等）自身であり、銀行に対して、自らの指図を行うにすぎないことから、第1号に該当しない。
口座振替代行サービス業者	家賃や公共料金の支払などの特定の者に対する定期的な支払のために行われる口座振替代行サービスは適用除外。他方、非定期の即時の支払のために行われる口座振替代行サービスについては、第1号に該当する場合も考えられる。

第18項 新設

改　　正　　後
第二条
18　この法律において「電子決済等代行業者」とは、第五十二条の六十一の二の登録を受けて電子決済等代行業を営む者をいう。

　本項では、電子決済等代行業の登録（第52条の61の2）を受け、電子決済等代行業を営む者を「電子決済等代行業者」と定義している。

26　第2部　逐条解説編

第19項 新設

改　　正　　後
第二条
<u>19　この法律において「認定電子決済等代行事業者協会」とは、第五十二条の六十一の十九の規定による認定を受けた一般社団法人をいう。</u>

　本項では、第52条の61の19の認定を受けた一般社団法人を「認定電子決済等代行事業者協会」と定義している。

第7章　外国銀行支店

第47条の4 （外国銀行支店の事業年度） 新設

改　正　後
（外国銀行支店の事業年度） 第四十七条の四　外国銀行支店の事業年度は、四月一日から翌年三月三十一日までの期間又は当該外国銀行支店に係る外国銀行の事業年度の期間と同一の期間（当該期間が一年であるものであつて、当該期間の開始の日が各月の初日であるものに限る。）とする。ただし、事業年度の開始の日を変更する場合における変更前の最後の事業年度については、変更後の最初の事業年度の開始の日の前日までとする。

　本条は、外国銀行支店の事業年度について、従前の4月1日から翌年3月31日までの期間に加え、当該外国銀行支店に係る外国銀行の事業年度と同一の期間のどちらかの期間とすることを認める旨を規定するものである。

　銀行法上、銀行の事業年度の期間は、第17条により4月1日から翌年3月31日までとされており、外国銀行支店も第47条第2項により第17条の規定を適用し、国内銀行と同様の事業年度の期間とされている。

　一方、当該事業年度は、海外本店の事業年度と異なる場合が多く、その場合には外国銀行支店では2度の決算作業が生じており、事務負担も大きいものとなっている。また、こういった負担が、外国銀行の日本進出の見送り、又は日本市場からの撤退の一因となっているとの声もある。

　このため、外国銀行支店の事業年度について、従前の4月1日から翌年3月31日までの期間に加え、当該外国銀行支店に係る外国銀行の事業年度と同一の期間のどちらかの期間とすることを認めるものである。

　なお、当該外国銀行支店に係る外国銀行の事業年度と同一の期間とする場合については、最低限、国内銀行との間で統一を図る必要があることから、事業年度開始の日から終了の日までの期間が1年となるものであって、事業年度の開始の日が各月の初日となるものに限り、認められることとなる。

28　第2部　逐条解説編

　一方、外国銀行支店が、例えば、4月1日から翌年3月31日までとしている事業年度の期間を、当該外国銀行支店に係る外国銀行の事業年度と同一の期間に変更する場合等には、事業年度の末日の調整が必要となるため、変更前の最後の事業年度については、変更後の事業年度の開始の日の前日までの変則的な事業年度となり、当該期間については1年とならないこととなる。このため、本条にただし書を設けている。

第49条（外国銀行支店の届出）
第2項

改　　正　　後	改　　正　　前
（外国銀行支店の届出） 第四十九条　（略） 2　外国銀行支店は、次の各号のいずれかに該当するときは、内閣府令で定めるところにより、その旨を内閣総理大臣に届け出なければならない。 一・二　（略） <u>三　外国銀行支店の事業年度の変更をしようとするとき。</u> 四　（略）	（外国銀行支店の届出） 第四十九条　（略） 2　外国銀行支店は、次の各号のいずれかに該当するときは、内閣府令で定めるところにより、その旨を内閣総理大臣に届け出なければならない。 一・二　（略） （新設） 三　（略）

　外国銀行支店の届出事項に、事業年度を変更しようとするときを追加するものである。

　外国銀行支店が事業年度を変更しようとする場合、監督実務等への影響を考慮する必要があり、その事実について事前に把握する必要があることから、事業年度を変更しようとする場合には、当局への事前届出を必要とすることとしている。

第52条の39第1項　29

第7章の4　銀行代理業

第1節　通則

第52条の39（変更の届出）
第1項

改　正　後	改　正　前
（変更の届出） 第五十二条の三十九　銀行代理業者は、第五十二条の三十七第一項各号に掲げる事項に変更があつたときは、内閣府令で定める場合を除き、内閣府令で定めるところにより、その日から三十日以内に、その旨を内閣総理大臣に届け出なければならない。	（変更の届出） 第五十二条の三十九　銀行代理業者は、第五十二条の三十七第一項各号に掲げる事項に変更があつたときは、その日から三十日以内に、その旨を内閣総理大臣に届け出なければならない。

　本条は、銀行代理業者が許可申請書に記載した第52条の37第1項各号に記載する事項（商号、役員、営業所の所在地等）に変更があった場合、内閣府令で定める場合に該当するときに変更届出の提出を不要とすることを可能とする旨の規定である。

　改正前の銀行法において、銀行代理業者は、許可申請書に記載した第52条の37第1項各号に記載する事項（商号、役員、営業所の所在地等）に変更があったときは、変更届出の提出が必要とされており、例外として提出が不要となる場合は特に定められていなかった。

　一方、例えば、銀行代理業者の営業所を一時的に短期間の移動をした場合などにも変更届出が必要となっており、実務上、対応コストに比して十分な必要性が認められないとの意見が寄せられていたところである。

　このため、銀行代理業者の変更届出について、監督上の必要性が低いものについては、「内閣府令で定める場合」として銀行法施行規則に規定し、変更届出を不要とすることとしている。

　なお、内閣府令においては、増改築その他のやむを得ない理由により営業所又は事務所の所在地の変更をした場合[注]（変更前の所在地に復すること

30　第2部　逐条解説編

が明らかな場合に限る）等を規定することを予定している。

　（注）　銀行の営業所の場合、増改築その他のやむを得ない理由により営業所の位置を
　　　一時的に変更する場合には、当該位置の変更について届出は不要とされている。

第7章の5　電子決済等代行業

第1節　通則

第52条の61の2　（登録）　新設

改　正　後
（登録） 第五十二条の六十一の二　電子決済等代行業は、内閣総理大臣の登録を受けた者でなければ、営むことができない。

　本条は、電子決済等代行業を行う者は、内閣総理大臣の登録を受ける必要がある旨を規定するものである。

　電子決済等代行業は、電子情報処理組織を用いて、銀行システムと接続をし、銀行に対する為替取引に係る指図の伝達や銀行からの預金の口座に係る情報の取得を行うことから、電子決済等代行業者のシステムにセキュリティ上の問題等があった場合には、銀行システムの安定性を害することとなる。

　また、電子決済等代行業は、フィンテック企業が中心の新たな事業であり、こうしたフィンテック企業と銀行との連携・協働（オープン・イノベーション）を促進し、多様な担い手による決済サービスの提供を可能とすることが重要であるところ、電子決済等代行業者に一定の制度的な枠組みを付与することが、円滑なサービス展開等に資する面もある。他方で、過度に重い規制を課すことは、電子決済等代行業者にとって負担となり、オープン・イノベーションの促進にも資さないことになる。

　このため、電子決済等代行業者については、不適格な事業者の参入を排除するという利用者保護・銀行システムの安定性の確保の観点とオープン・イノベーションの促進の観点の双方を勘案し、登録制としている。

32　第2部　逐条解説編

第52条の61の3（登録の申請）新設

改　正　後
（登録の申請） 第五十二条の六十一の三　前条の登録を受けようとする者（次条第二項及び第五十二条の六十一の五において「登録申請者」という。）は、次に掲げる事項を記載した登録申請書を内閣総理大臣に提出しなければならない。 　一　商号、名称又は氏名 　二　法人であるときは、その役員（外国法人にあつては、外国の法令上これと同様に取り扱われている者及び日本における代表者を含む。以下この章において同じ。）の氏名 　三　電子決済等代行業を営む営業所又は事務所の名称及び所在地 　四　その他内閣府令で定める事項 ２　前項の登録申請書には、次に掲げる書類を添付しなければならない。 　一　第五十二条の六十一の五第一項各号（第一号ロを除く。）のいずれにも該当しないことを誓約する書面 　二　法人であるときは、定款及び登記事項証明書（これらに準ずるものを含む。） 　三　電子決済等代行業の業務の内容及び方法として内閣府令で定めるものを記載した書類 　四　その他内閣府令で定める書類

　本条は、電子決済等代行業の登録の申請について規定するものである。

(1)　第1項

　本項では、電子決済等代行業を行おうとする登録申請者に対し、当局が行う登録申請者の基礎事項の把握、第52条の61の5第1項の登録拒否要件に該当するか否かの審査のために、必要な事項を申請させることとしている。登録申請書に記載すべき事項は以下のとおりである。

・商号、名称又は氏名
・法人であるときは、その役員（外国法人にあっては外国の法令上これと同様に取り扱われている者及び日本における代表者を含む）の氏名
・電子決済等代行業を営む営業所又は事務所の名称及び所在地
・その他内閣府令で定める事項

　（参考）　内閣府令で定める事項としては、①利用者からの苦情又は相談に応ずる営業

所又は事務所の所在地及び連絡先、②加入する認定電子決済等代行事業者協会の名称、③電子決済等代行業の一部を委託する場合には、当該委託に係る業務の内容並びにその委託先の商号、名称又は氏名及び住所、④他に業務を営むときは、その業務の種類（第2条第17項第1号に掲げる行為を行おうとする場合のみ）を想定している。

(2)　第2項

　本項においては、登録申請書の記載事項を補完する観点から添付書類の提出を求めている。具体的内容は以下のとおりである。

- ・第52条の61の5第1項各号（第1号ロを除く）までのいずれにも該当しないことの誓約書
- ・法人であるときは、定款及び登記事項証明書（これらに準ずるものを含む）
- ・電子決済等代行業の業務の内容及び方法として内閣府令で定めるものを記載した書類
- ・その他内閣府令で定める書類

（参考）　業務方法書の記載事項として内閣府令で定めるものとしては、取り扱う電子決済等代行業の種類・内容、電子決済等代行業の実施責任者、電子決済等代行業に関する内部管理体制等を規定することが想定される。なお、電子決済等代行業者の実態に鑑み、業務方法書において銀行代理業に関する施行規則第34条の33第2項に規定するような、詳細な実施体制・組織体制、組織図等についての記載を求めることは想定していない。

（参考）　「その他内閣府令で定める書類」としては、法人については、役員の履歴書・住民票、貸借対照表、会計監査人設置会社である場合にあっては前事業年度の会計監査報告の内容を記載した書面等が想定されている。なお、銀行との間の契約については、その内容のうち法令上規定すべき部分については、第52条の61の10第3項により公開されるため、これに加えて、網羅的に契約書の提出義務を課すことは想定していない。

34 第2部 逐条解説編

第52条の61の4 （登録の実施） 新設

改　正　後
（登録の実施） 第五十二条の六十一の四　内閣総理大臣は、第五十二条の六十一の二の登録の申請が あつたときは、次条第一項の規定により登録を拒否する場合を除くほか、次に掲げ る事項を電子決済等代行業者登録簿に登録しなければならない。 　一　前条第一項各号に掲げる事項 　二　登録年月日及び登録番号 2　内閣総理大臣は、前項の規定による登録をしたときは、遅滞なく、その旨を登録 　申請者に通知しなければならない。 3　内閣総理大臣は、電子決済等代行業者登録簿を公衆の縦覧に供しなければならな 　い。

　本条は、内閣総理大臣が登録審査を行った結果、申請者が登録拒否要件
に該当しない場合に登録する際の手続等を定めるものである。

　第1項においては、内閣総理大臣は、電子決済等代行業の登録の申請が
あった場合、第52条の61の5第1項の登録拒否要件に該当する場合を除
いて、登録申請事項、登録年月日・登録番号を電子決済等代行業者登録簿
に登録しなければならない旨を規定している。

　第2項においては、内閣総理大臣は、第1項の規定による登録をしたと
きは、遅滞なく登録申請者に通知しなければならない旨を規定している。

　第3項においては、内閣総理大臣は、電子決済等代行業者登録簿を公衆
の縦覧に供しなければならない旨を規定している。これにより、利用者に
電子決済等代行業者に係る情報を周知することとしている。

第52条の61の5 （登録の拒否） 新設

改　正　後
（登録の拒否） 第五十二条の六十一の五　内閣総理大臣は、登録申請者が次の各号のいずれかに該当 するとき、又は第五十二条の六十一の三第一項の登録申請書若しくはその添付書類 のうちに重要な事項について虚偽の記載があり、若しくは重要な事実の記載が欠け ているときは、その登録を拒否しなければならない。

第 52 条の 61 の 5   35

　一　次のいずれかに該当する者

　　イ　電子決済等代行業を適正かつ確実に遂行するために必要と認められる内閣府
　　　令で定める基準に適合する財産的基礎を有しない者

　　ロ　電子決済等代行業を適正かつ確実に遂行する体制の整備が行われていない者

　　ハ　次に掲げる処分を受け、その処分の日から五年を経過しない者

　　　(1)　第五十二条の六十一の十七第一項又は第二項の規定による第五十二条の六
　　　　十一の二の登録の取消し

　　　(2)　農業協同組合法（昭和二十二年法律第百三十二号）第九十二条の五の九第
　　　　一項において準用する第五十二条の六十一の十七第一項又は第二項の規定に
　　　　よる同法第九十二条の五の二第一項の登録の取消し

　　　(3)　水産業協同組合法（昭和二十三年法律第二百四十二号）第百二十一条の五
　　　　の九第一項（特定信用事業電子決済等代行業に関する銀行法の準用）におい
　　　　て準用する第五十二条の六十一の十七第一項又は第二項の規定による同法第
　　　　百二十一条の五の二第一項（登録）の登録の取消し

　　　(4)　協同組合による金融事業に関する法律（昭和二十四年法律第百八十三号）
　　　　第六条の五の十第一項（信用協同組合電子決済等代行業者等についての銀行
　　　　法の準用）において準用する第五十二条の六十一の十七第一項又は第二項の
　　　　規定による同法第六条の五の二第一項（信用協同組合電子決済等代行業の登
　　　　録）の登録の取消し

　　　(5)　信用金庫法第八十九条第七項（銀行法の準用）において準用する第五十二
　　　　条の六十一の十七第一項又は第二項の規定による同法第八十五条の四第一項
　　　　（登録）の登録の取消し

　　　(6)　労働金庫法（昭和二十八年法律第二百二十七号）第九十四条第五項（銀行
　　　　法の準用）において準用する第五十二条の六十一の十七第一項又は第二項の
　　　　規定による同法第八十九条の五第一項（登録）の登録の取消し

　　　(7)　農林中央金庫法第九十五条の五の十第一項（農林中央金庫電子決済等代行
　　　　業に関する銀行法の準用）において準用する第五十二条の六十一の十七第一
　　　　項又は第二項の規定による同法第九十五条の五の二第一項（登録）の登録の
　　　　取消し

　　　(8)　株式会社商工組合中央金庫法（平成十九年法律第七十四号）第六十条の十
　　　　九第一項又は第二項（登録の取消し等）の規定による同法第六十条の三（登
　　　　録）の登録の取消し

　　　(9)　この法律、農業協同組合法、水産業協同組合法、協同組合による金融事業
　　　　に関する法律、信用金庫法、労働金庫法、農林中央金庫法又は株式会社商工
　　　　組合中央金庫法に相当する外国の法令の規定により当該外国において受けて
　　　　いる(1)から(8)までの登録と同種類の登録（当該登録に類する許可その他の行
　　　　政処分を含む。）の取消し

　　ニ　次に掲げる命令を受け、その命令の日から五年を経過しない者

36　第2部　逐条解説編

- (1)　農業協同組合法第九十二条の五の八第四項の規定による同法第九十二条の五の二第二項に規定する特定信用事業電子決済等代行業の廃止の命令
- (2)　水産業協同組合法第百二十一条の五の八第四項（電子決済等代行業者による特定信用事業電子決済等代行業）の規定による同法第百二十一条の五の二第二項に規定する特定信用事業電子決済等代行業の廃止の命令
- (3)　協同組合による金融事業に関する法律第六条の五の九第四項（電子決済等代行業者による信用協同組合電子決済等代行業）の規定による同法第六条の五の二第二項に規定する信用協同組合電子決済等代行業の廃止の命令
- (4)　信用金庫法第八十五条の十一第四項（電子決済等代行業者による信用金庫電子決済等代行業）の規定による同法第八十五条の四第二項に規定する信用金庫電子決済等代行業の廃止の命令
- (5)　労働金庫法第八十九条の十二第四項（電子決済等代行業者による労働金庫電子決済等代行業）の規定による同法第八十九条の五第二項に規定する労働金庫電子決済等代行業の廃止の命令
- (6)　農林中央金庫法第九十五条の五の九第四項（電子決済等代行業者による農林中央金庫電子決済等代行業）の規定による同法第九十五条の五の二第二項に規定する農林中央金庫電子決済等代行業の廃止の命令
- (7)　株式会社商工組合中央金庫法第六十条の三十二第四項（電子決済等代行業者による商工組合中央金庫電子決済等代行業）の規定による同法第六十条の二第一項（定義）に規定する商工組合中央金庫電子決済等代行業の廃止の命令
- (8)　農業協同組合法、水産業協同組合法、協同組合による金融事業に関する法律、信用金庫法、労働金庫法、農林中央金庫法又は株式会社商工組合中央金庫法に相当する外国の法令の規定による(1)から(7)までの業務と同種類の業務の廃止の命令

　ホ　この法律、農業協同組合法、水産業協同組合法、協同組合による金融事業に関する法律、信用金庫法、労働金庫法、農林中央金庫法、株式会社商工組合中央金庫法その他政令で定める法律又はこれらに相当する外国の法令の規定に違反し、罰金の刑（これに相当する外国の法令による刑を含む。）に処せられ、その刑の執行を終わり、又はその刑の執行を受けることがなくなつた日から五年を経過しない者

二　法人である場合においては、次のいずれかに該当する者

　イ　外国法人であつて日本における代表者を定めていない者

　ロ　役員のうちに次のいずれかに該当する者のある者

- (1)　成年被後見人若しくは被保佐人又は外国の法令上これらに相当する者
- (2)　破産手続開始の決定を受けて復権を得ない者又は外国の法令上これに相当する者
- (3)　禁錮以上の刑（これに相当する外国の法令による刑を含む。）に処せられ、

> その刑の執行を終わり、又はその刑の執行を受けることがなくなつた日から五年を経過しない者
>
> ⑷ 法人が前号ハ(1)から(9)までに掲げる処分を受けた場合において、その処分の日前三十日以内にその法人の役員であつた者で、その処分の日から五年を経過しない者
>
> ⑸ 法人が前号ニ(1)から(8)までに掲げる命令を受けた場合において、その命令の日前三十日以内にその法人の役員であつた者で、その命令の日から五年を経過しない者
>
> ⑹ 前号ハからホまでのいずれかに該当する者
>
> 三 個人である場合においては、次のいずれかに該当する者
>
> イ 外国に住所を有する個人であつて日本における代理人を定めていない者
>
> ロ 前号ロ(1)から(5)までのいずれかに該当する者
>
> 2 内閣総理大臣は、前項の規定により登録を拒否したときは、遅滞なく、その理由を示して、その旨を登録申請者に通知しなければならない。

(1) 第1項

本項は、銀行システムの安定性・利用者保護の観点から、電子決済等代行業を行おうとする事業者について、登録拒否要件を規定するものである。

① 第1号

第1号においては、以下のとおり、法人及び個人について共通の登録拒否要件を規定している。

イ 電子決済等代行業を適正かつ確実に遂行するために必要と認められる内閣府令で定める基準に適合する財産的基礎を有しない者

　　電子決済等代行業を行うにあたっては、システムの構築・維持等のために一定程度の資本が必要となるため、電子決済等代行業を適正かつ確実に遂行するために必要な財産的基礎を有することを求めることとしている。

　　もっとも、電子決済等代行業については、利用者の資金を預かることは想定していないことから、内閣府令で定める基準としては、「純資産額が負の値でないこと」とごく緩やかなものが想定される。

ロ 電子決済等代行業を適正かつ確実に遂行する体制の整備が行われていない者

　　電子決済等代行業を適正かつ確実に遂行するに十分な業務運営や業

務管理がなされるために必要な体制整備を求めている。具体的には、第52条の61の8第2項において要求される措置が講じられていれば、基本的に、ここでの体制整備は満たされていると考えられる。

ハ　電子決済等代行業及び他の預金取扱金融機関に関する法律（農業協同組合法、水産業協同組合法、協同組合による金融事業に関する法律、信用金庫法、労働金庫法、農林中央金庫法、株式会社商工組合中央金庫法）に基づく電子決済等代行業に係る登録（又は外国の法令上受けている同種の登録等）が取り消され、その取消しの日から5年を経過しない者

電子決済等代行業及び他の預金取扱金融機関における電子決済等代行業に係る登録等が取り消され、その取消しの日から5年を経過しない者について、不適格者を排除する観点から、登録拒否要件にしている。

銀行システムは、一般公衆全体の預金開設と全国・国際レベルでの送金を行うことが前提となっているため、他の預金取扱金融機関のシステムと比べ、大規模・複雑なものとなっていると考えられ、銀行法上の電子決済等代行業を行おうとする者については、こうした銀行システムと接続することが前提となっている。他方、他の預金取扱金融機関については、協同組織性・地域性があり、銀行ほどの大規模・複雑なシステムを保有することは想定されていないと考えられる。

したがって、他の法律に基づく電子決済等代行業の登録を取り消されたことがある者に銀行法上の電子決済等代行業を行わせることは適当ではないことから、銀行法上の電子決済等代行業の登録のほか、他の法律による電子決済等代行業の登録を取り消されたことがある者についても、登録拒否要件の対象としている。

これに対し、銀行法以外の法律に基づく電子決済等代行業については、当該法律の登録を取り消されたことがある者のみを登録拒否要件の対象としている。もっとも、銀行法等の当該法律以外の法律に基づく電子決済等代行業の登録を取り消されたことがある者についても、そのこと自体が直ちに登録拒否要件とはならない一方で、これらの業務運営や業務管理がなされるために必要な体制整備（上記ロに相当）が

できているか否かの判断の際の考慮要素にはなるものと考えられる。

ニ　他の預金取扱金融機関に関する法律により電子決済等代行業の廃止命令を受け、その命令の日から5年を経過しない者

　　銀行法による電子決済等代行業者の登録を取得した場合に、他の預金取扱金融機関に関する法律においては届出のみで当該法律に基づく電子決済等代行業を営むことができるとの特例を設けているが、この特例を用いて業務を行っていたものの、当該法律により電子決済等代行業の廃止を命ぜられ、その命令の日から5年を経過していない者についても、上記ハと同様に、不適格な者を排除する観点から、登録拒否要件の対象としている。

ホ　銀行法及び他の預金取扱金融機関に関する法律その他政令で定める法律（又はこれに相当する外国の法令）により罰金の刑（又はこれに相当する外国の法令による刑）に処せられた日等から5年を経過しない者

　　上記ハニと同様に、不適格な者を排除する観点から登録拒否要件の対象としている。

②　第2号

第2号においては、以下のとおり、法人について登録拒否要件を規定している。

イ　外国法人であって日本における代表者を定めていない者

　　電子決済等代行業は、インターネット等を通じて海外から利用者にサービスを提供することが可能であるが、監督の実効性確保の観点から、外国法人については、国内における代表者設置を求めることとしている。

　　なお、ここで、「日本における代表者」とは、当該外国法人の機関として当該外国法人の行為を行う権限を与えられた者のみならず、一定の権限を授権された日本の弁護士等も含まれる。

ロ　役員のうちに不適格な者がいる者

　　電子決済等代行業を行う上で不適格な者を排除する観点から、役員に以下のいずれかに該当する者がいる者について、登録拒否要件の対象としている。

(1) 成年被後見人、被保佐人（又は外国の法令上これらと同様に取り扱われている者）

(2) 破産者で復権を得ない者（又は外国の法令上これらと同様に取り扱われている者）

(3) 禁錮以上の刑（又はこれに相当する外国の刑）に処せられた者で、5年を経過しない者

(4) 法人が電子決済等代行業に係る登録及び他の預金取扱金融機関に関する法律に基づく電子決済等代行業の登録（又は外国の法令上受けている同種の登録等）を取り消された場合において、その取消しの日前30日以内にその法人の役員であった者で、取消しの日から5年を経過しない者

(5) 法人が他の預金取扱金融機関に関する法律に基づく電子決済等代行業の廃止を命じられた場合において、当該命令の日前30日以内にその法人の役員であった者で、命令の日から5年を経過しない者

(6) 第1号ハからホまでのいずれかに該当する者

③ 第3号

第3号においては、以下のとおり、個人について登録拒否要件を規定している。

イ 外国に住所を有する個人であって日本における代理人を定めていない者

第2号イと同様に、監督の実効性確保の趣旨から、外国に住所を有する個人が電子決済等代行業者となろうとする場合には、日本における代理人を定めることを求めている。

ロ 第2号ロ(1)から(5)までのいずれかに該当する者

(2) **第2項**

本項では、登録拒否要件に該当するとして、登録を拒否した場合に、内閣総理大臣は、遅滞なく、その旨を理由を示して登録申請者に通知しなければならないことを規定している。

第 52 条の 61 の 6 　41

第 52 条の 61 の 6 　（変更の届出）　新設

改　　正　　後
（変更の届出） 第五十二条の六十一の六　電子決済等代行業者は、第五十二条の六十一の三第一項各号に掲げる事項について変更があつたときは、内閣府令で定める場合を除き、内閣府令で定めるところにより、その日から三十日以内に、その旨を内閣総理大臣に届け出なければならない。 2　内閣総理大臣は、前項の規定による届出を受理したときは、届出があつた事項を電子決済等代行業者登録簿に登録しなければならない。 3　電子決済等代行業者は、第五十二条の六十一の三第二項第三号に掲げる書類に記載した業務の内容又は方法について変更があつたときは、内閣府令で定めるところにより、遅滞なく、その旨を内閣総理大臣に届け出なければならない。

(1)　第 1 項

　本項においては、電子決済等代行業者は、登録申請事項（第 52 条の 61 の 3 第 1 項各号）に変更があったときは、30 日以内に、変更届出を行うべき旨を規定している。

　変更届出を行う期間については、平成 28 年の銀行法改正により、銀行代理業者の変更届出を行う期間が 2 週間から 30 日に延長されたことから、電子決済等代行業者についても、銀行代理業者と同様、30 日としている。

　「内閣府令で定めるところにより」届出を行うこととしているが、内閣府令では、届出の添付書類について規定することを想定している。

　また、「内閣府令で定める場合」には届出を不要としているが、内閣府令では、増改築その他のやむを得ない理由により営業所又は事務所の所在地の変更をした場合（変更前の位置に復することが明らかな場合に限る）等を想定している。なお、第 2 条第 17 項第 1 号に掲げる行為を行う者については、内閣府令において他に営む業務を登録事項とすることが想定されているが、本条第 1 項により変更があるたびに届出を求めるのではなく、内閣府令において、本条第 1 項の「内閣府令で定める場合」として 30 日以内の届出を不要とした上で、第 53 条の規定に基づき、半期に一括して届出を行うことを可能にすることが想定される。

42 第2部 逐条解説編

(2) 第2項

本項においては、第1項の届出があった場合には、内閣総理大臣は、変更事項を電子決済等代行業者登録簿に登録しなければならないことを規定している。

(3) 第3項

本項においては、第52条の61の3第2項第3号の書類に記載した事項を変更したときは、遅滞なく、内閣府令で定めるところにより、内閣総理大臣に提出しなければならないことを規定している。「遅滞なく」とは概ね1週間が目途になると考えられる。電子決済等代行業の内容及び方法については、監督上重要であることから、第1項の場合よりも早期に提出させることとしたものである。

「内閣府令で定めるところにより」届出を行うこととしているが、内閣府令では、届出書の記載事項及び届出の添付書類について規定することを想定している。

なお、金融商品取引法第31条第4項では、登録後に業務の種別を変更する場合には、事前に変更登録を行われなければならないこととしているが、これは、金融商品取引業者については、業務の種別ごとに登録拒否要件が異なるため、業務の種別を変更する場合には、改めて、登録拒否要件の該当性の判断が必要となるためである。

他方、電子決済等代行業者については、業務の種別ごとに登録拒否要件は異ならないため、業務の種別を変更する場合であっても、事前の変更登録は不要としている。もっとも、業務の種別を変更したために、例えば、必要な体制整備ができていないと判断される場合には、登録取消事由（第52条の61の17第1項第1号）に該当することとなる。

第52条の61の7 （廃業等の届出） 新設

改 正 後
（廃業等の届出） 第五十二条の六十一の七　電子決済等代行業者が次の各号のいずれかに該当すること

> となつたときは、当該各号に定める者は、その日から三十日以内に、その旨を内閣総理大臣に届け出なければならない。
> 　一　電子決済等代行業を廃止したとき、又は会社分割により電子決済等代行業の全部の承継をさせたとき、若しくは電子決済等代行業の全部の譲渡をしたとき　その電子決済等代行業を廃止し、又は承継をさせ、若しくは譲渡をした個人又は法人
> 　二　電子決済等代行業者である個人が死亡したとき　その相続人
> 　三　電子決済等代行業者である法人が合併により消滅したとき　その法人を代表する役員であつた者
> 　四　電子決済等代行業者である法人が破産手続開始の決定により解散したとき　その破産管財人
> 　五　電子決済等代行業者である法人が合併及び破産手続開始の決定以外の理由により解散したとき　その清算人
> 2　電子決済等代行業者が前項各号のいずれかに該当することとなつたときは、当該電子決済等代行業者の登録は、その効力を失う。

(1)　第1項

　本項においては、電子決済等代行業者が、以下のとおり、各号のいずれかに該当することとなったときは、各号に定める者が、30日以内に、その旨を内閣総理大臣に届け出なければならないことを規定している。

- ・電子決済等代行業を廃止、電子決済等代行業の全部の承継等を行ったとき：廃止、承継等を行った個人又は法人
- ・電子決済等代行業者である個人が死亡したとき：その相続人
- ・電子決済等代行業者である法人が合併により消滅したとき：その法人を代表する役員であった者
- ・電子決済等代行業者である法人が破産手続開始の決定により解散したとき：その破産管財人
- ・電子決済等代行業者である法人が合併・破産手続開始の決定以外の理由により解散したとき：その清算人

(2)　第2項

　本項においては、電子決済等代行業者が前項各号のいずれかに該当することとなったときは、登録の効力が失われることを規定している。

44　第2部　逐条解説編

第2節　業務

第52条の61の8 （利用者に対する説明等）　[新設]

改　　正　　後
（利用者に対する説明等） 第五十二条の六十一の八　電子決済等代行業者は、第二条第十七項各号に掲げる行為（同項に規定する内閣府令で定める行為を除く。）を行うときは、内閣府令で定める場合を除き、あらかじめ、内閣府令で定めるところにより、利用者に対し、次に掲げる事項を明らかにしなければならない。 　一　電子決済等代行業者の商号、名称又は氏名及び住所 　二　電子決済等代行業者の権限に関する事項 　三　電子決済等代行業者の損害賠償に関する事項 　四　電子決済等代行業に関する利用者からの苦情又は相談に応ずる営業所又は事務所の連絡先 　五　その他内閣府令で定める事項 ２　電子決済等代行業者は、電子決済等代行業に関し、内閣府令で定めるところにより、電子決済等代行業と銀行が営む業務との誤認を防止するための情報の利用者への提供、電子決済等代行業に関して取得した利用者に関する情報の適正な取扱い及び安全管理、電子決済等代行業の業務を第三者に委託する場合における当該業務の的確な遂行その他の健全かつ適切な運営を確保するための措置を講じなければならない。

(1)　第1項

　電子決済等代行業者に対し、電子決済等代行業に関するサービスを利用者に提供するに先立って、利用者に対する情報の提供を求めるものである。

　利用者保護の観点からは、電子決済等代行業者に対し、利用者が電子決済等代行業者を利用するか否かについて、あるいは、利用するとしてもどの電子決済等代行業者を利用するかについての判断を行うにあたってその判断材料となる事項の提供を求めることが適切であるものと考えられる。そこで、各号列記の事項について、電子決済等代行業のサービスの提供に先立って、あらかじめ、利用者に対し、情報の提供を義務付けることとしている。

　ここで、電子決済等代行業者は、利用者に対して電子決済等代行業に関

するサービスを提供する都度、「あらかじめ」本項各号記載の事項を明らかにしている必要があることになる。

　もっとも、継続的にサービスを利用している利用者との関係では、前回利用時から本項各号に掲げる事項について変更がないのであれば、改めて表示を行う必要はないものと考えられる。そこで、柱書中の「内閣府令で定める場合」として、このような前回利用時から変更がない場合を規定することが想定されている。

　また、同じく柱書中の「内閣府令で定めるところにより」は、情報提供の方法等の技術的事項について委任することを企図した規定である。電子決済等代行業者の特質上、インターネット等を利用して提示する方法が想定されるところであるが、例えば、利用者と電子決済等代行業者の間に、決済指図の銀行への伝達又は口座情報の取得・提供の委託を受けてこれを電子決済等代行業者に再委託した者（下図のA社）が存在する場合に、これらの者を通じて利用者に情報提供することや、あるいは連携先の銀行を通じて利用者に情報提供することができる旨、内閣府令において規定されることが考えられる。

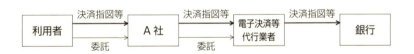

① 第1号
　当該業者について判断する際の前提となる基本的な情報として、電子決済等代行業者の商号、名称又は氏名及び住所を明らかにすることを求めるものである。

② 第2号
　電子決済等代行業者が有する権限について明らかにすることを求めるものである。

　電子決済等代行業者の権限が明示されていない場合、利用者は、当該電子決済等代行業者が、銀行を代理・媒介する権限を有する者（すなわち銀行代理業者）であると誤認・混同するおそれがある。そこで、本号において、

46　第2部　逐条解説編

そのような権限を有しない旨の情報を提供することを求めることとしている。

③　第3号

電子決済等代行業者の損害賠償に関する事項について明らかにすることを求めるものである。

電子決済等代行業者は、銀行代理業者と異なり、銀行の委託を受けて行為するものではないから、その業務から生じた損害について、法律上当然に銀行が責任を負うものではない。他方、後述の第52条の61の10第2項第1号に基づき、銀行・電子決済等代行業者間の契約においては、電子決済等代行業の業務に関して生じた損害の当該銀行と電子決済等代行業者との責任分担について規定することが求められており、当該定めの内容によっては、銀行が責任を負担することもあり得ることとなる。本号においては、このような事項について、あらかじめ利用者に対して情報提供することを求めることとしている。

④　第4号

電子決済等代行業者が利用者からの苦情又は相談を受け付ける窓口の連絡先についての情報の提供を求めるものである。

もっとも、電子決済等代行業者は主にウェブサイトを利用者とのインターフェイスとして利用することが想定され、実店舗における窓口を設けることは通常想定されない。そこで、相談窓口となる事務所等の所在地については特段記載を求めていない。

なお、「連絡先」としては、例えば、①電話番号、②（苦情等を受け付けるフォーム等の設置された）ウェブサイトのURL、③苦情等を受け付けるメールアドレス等が考えられる。

⑤　第5号

第1号から第4号までに定めるもののほか、その他内閣府令で定める事項についても、同様に情報提供を求めることとしている。

利用者に対して情報提供をすることが適切な事項には、技術的な側面を有するものや、今後の電子決済等代行業者の業務の展開を踏まえて機動的に追加すべきもの等が含まれることから、内閣府令への委任条項を設ける

ものである。

なお、内閣府令においては、例えば、

・（電子決済等代行業者の）登録番号

・利用者が支払うべき手数料等の額又は計算方法

・為替取引の指図を行うことのできる上限額を設定している場合にはその額（第1号業者のみ）

・継続的に利用者にサービス提供する場合には、契約期間及び契約期間の中途での解約時の取扱い

・サービスが利用者のインターネット・バンキングの ID・パスワード等を電子決済等代行業者に提供することによって提供される場合（いわゆるスクレイピングによる場合）には、その旨

等について規定することが考えられる。

(2)　第2項

電子決済等代行業者に対して、銀行業務との誤認防止のための情報提供、顧客情報の適正な取扱い・安全管理及び業務を第三者に委託する場合の的確な遂行その他の健全かつ適切な運営を確保するための措置を求める規定である。

銀行法上、銀行及び銀行代理業者には、業務の健全かつ適切な遂行を確保するための措置を講ずることが求められている（第12条の2第2項、第52条の44第3項）。電子決済等代行業者についても、為替取引に係る指図の伝達又は口座情報の取得・提供という、顧客保護の観点からその遂行の的確性が要請される業務を担うことから、同様の措置を求めることが適切と考えられる。

もっとも、電子決済等代行業者の業務には、

・広く一般大衆を対象として、利用者にとって容易に理解・操作が可能な比較的単純なサービスを提供することが想定される

・専ら利用者の側に立って提供するサービスであるにもかかわらず、利用者にとって、銀行が提供するサービスの一環であるとの誤認が生じやすい

48　第2部　逐条解説編

・利用者にとって重要かつ通常他人に公表することが想定されていない
　情報である為替取引や口座内の預金等に関する情報を扱う

等の特性がある。

　そこで、銀行及び銀行代理業者に係る規定において列挙されている健全
かつ適切な運営を確保するための措置の例示から、重要事項説明のための
措置を除き、一方で銀行業務との誤認防止のための情報提供のための措置
及び利用者の情報の安全管理のための措置を追加した規定としている。

　なお、内閣府令においては、それぞれの例示項目たる措置についてその
内容・方法についてより具体化した規定が置かれることが想定される。例
えば、銀行業務との誤認防止のための措置について言えば、インターネッ
トを利用して利用者が使用する電子機器の映像面に表示させる方法等に
よって電子決済等代行業者の業務が銀行の業務と異なることの説明をして
いくことなどが考えられる。

第52条の61の9（電子決済等代行業者の誠実義務）　新設

改　　正　　後
（電子決済等代行業者の誠実義務） 第五十二条の六十一の九　電子決済等代行業者は、利用者のため誠実にその業務を遂行しなければならない。

　電子決済等代行業者は、利用者との間の委託契約に基づき業務を行う者
である以上、私法上当然に、利用者に対する善管注意義務を負うことにな
る（民法第644条）。本条は、これに上乗せして、利用者に対する誠実義務を
規定するものである。

　電子決済等代行業者は、そのビジネスモデルによっては、利用者からだ
けではなく、銀行からも委託を受けることや、委託に至らない場合であっ
ても、電子決済等代行業務に関連する何らかの金銭を銀行から受領するこ
とがある。このような独特の利害関係の下においても、電子決済等代行業
者は利用者の利益を優先させなければならないという観点から規定したの
が、本条の誠実義務である。

　なお、本条に類似する規定として、保険仲立人に関する保険業法第299

条が存在する。保険業法第299条は、その誠実義務の内容の一つとして自己の知り得る保険商品の中から顧客にとって最も適切と考えられるものを助言すること、すなわちいわゆるベストアドバイス義務を含むものと解されているところである^(注)。これに対し、本条は電子決済等代行業者に同様のベストアドバイス義務を課すことまで意図するものではない。なぜなら、保険仲立人と電子決済等代行業者では委託業務の内容が異なり、電子決済等代行業者は単に決済指図の伝達や口座情報の取得・提供等の委託を受けているにすぎないから、例えば、自己が知り得る中で最も為替手数料が安い銀行を紹介する義務を負う余地などないものと考えられるためである。

（注）　保険会社向けの総合的な監督指針Ⅴ-五-三

第52条の61の10（銀行との契約締結義務等） 新設

改　正　後
（銀行との契約締結義務等） 第五十二条の六十一の十　電子決済等代行業者は、第二条第十七項各号に掲げる行為（同項に規定する内閣府令で定める行為を除く。）を行う前に、それぞれ当該各号の銀行との間で、電子決済等代行業に係る契約を締結し、これに従つて当該銀行に係る電子決済等代行業を営まなければならない。 ２　前項の契約には、次に掲げる事項を定めなければならない。 　一　電子決済等代行業の業務（当該銀行に係るものに限る。次号において同じ。）に関し、利用者に損害が生じた場合における当該損害についての当該銀行と当該電子決済等代行業者との賠償責任の分担に関する事項 　二　当該電子決済等代行業者が電子決済等代行業の業務に関して取得した利用者に関する情報の適正な取扱い及び安全管理のために行う措置並びに当該電子決済等代行業者が当該措置を行わない場合に当該銀行が行うことができる措置に関する事項 　三　その他電子決済等代行業の業務の適正を確保するために必要なものとして内閣府令で定める事項 ３　銀行及び電子決済等代行業者は、第一項の契約を締結したときは、遅滞なく、当該契約の内容のうち前項各号に掲げる事項を、内閣府令で定めるところにより、インターネットの利用その他の方法により公表しなければならない。

(1)　背景

前述のように、我が国において、フィンテックの動きを利用者利便の向

50　第2部　逐条解説編

上等につなげていくといった観点に立った場合、各金融機関においてAPI
の導入が広く進むとともに、それが、適格性や情報管理能力等の面で問題
がある業者以外の業者に広く開放されること（オープンAPI）が重要である
と考えられる。

　他方、我が国におけるオープンAPIをめぐる状況については、以下のよう
な点が指摘されていた。

　・APIを整備している金融機関は少数に留まっており、また、APIを整
　　備している金融機関においても、必ずしもAPIを電子決済等代行業
　　者に対し広く開放するには至っておらず、普及・拡大を進めていく必
　　要がある。

　・電子決済等代行業者においても、そもそも多くの業者が、金融機関の
　　連携・協働先として認知されていない。金融機関において認知されて
　　いる業者であっても、オープンAPIにより接続できる金融機関は限
　　られている状況にある。

　・このため、多くの電子決済等代行業者が、顧客から預かったパスワー
　　ド等を使って、金融機関との間で契約締結等の明確な法的関係を構築
　　することなく、銀行システムにアクセスする「スクレイピング」によ
　　る方法で、サービスを提供する状態が解消されていない。

　しかし、スクレイピングについては、以下のような問題が指摘されてい
た。

　・利用者において、サービスの利用にあたり、銀行口座に関するパスワー
　　ドといった重要な認証情報を業者に取得・保有させることとなること
　　について、顧客情報の漏えい、認証情報を悪用した不正送金等、セキュ
　　リティ上の問題が生じないかとの不安が生じている。特に、電子決済
　　等代行業者をめぐる法的な取扱いが不明確であり、利用者保護上、十
　　分な対応が取られているか不安を指摘する声がある。

　・電子決済等代行業者による決済指図の不正な伝達等による決済リス
　　ク、あるいは、電子決済等代行業者からのアクセスの増大に伴う銀行
　　システムへの過剰な負担の可能性など、決済・銀行システムの安定性
　　に影響を与えている。

・「スクレイピング」によることにより、業者のコストがAPIによる場合に比して増大する場合もあり、結果として社会全体のコストを増大させている

そこで、利用者保護等を確保しつつ、オープン・イノベーションを促進するという観点からは、法制の整備によって、スクレイピングからオープンAPIへの移行を促すことが適切であるものと考えられる。本条及び次条は、このような観点も踏まえ電子決済等代行業者及びその接続先となる銀行に所要の措置を求めるものである。

(2) 第1項

電子決済等代行業者が、電子決済等代行業務を利用者に提供する場合には、これに先立って接続先の銀行との間で契約を締結することを求めることとしている。

電子決済等代行業については、

・現状、電子決済等代行業者によるスクレイピングは、接続先の銀行に無断で行われているものが大半であるが、これにより、銀行システムに予期せぬ負担をかけ、銀行システムの安定性が害される危険性がある。

・電子決済等代行業に起因して利用者に損害が生じた場合、銀行・電子決済等代行業者の責任関係が必ずしも明確ではない。

等の点がその業務のリスクとして考えられる。これを踏まえ、本条は、銀行システムの安定性の確保・利用者保護の観点から、電子決済等代行業者に、銀行との間で契約を締結し、情報の適正な取扱い・安全管理に関する措置や損失分担ルールを定めさせ、これに基づき、電子決済等代行業を営ませることとしている。

なお、立法の選択肢としては、利用者保護等を確保するため、利用者からインターネット・バンキングのID・パスワードを取得してスクレイピングを行うことを全面的に禁止することも考えられる（実際、EUにおけるPSD2（Revised Payment Services Directive）においては、スクレイピングは禁止されているものと考えられる）。

52　第2部　逐条解説編

　しかし、利用者が、当該サービスがスクレイピングによるものであることを認識した上で、それでもなお、自らのインターネット・バンキングのID・パスワードを電子決済等代行業者に提供し、そのサービスを利用しようとする場合にまで、これを禁止するとすれば、当該規制は過剰にパターナリスティックな規制と言わざるを得ない。また、電子決済等代行業者に対し登録制を導入し、一定の体制整備義務や情報の安全管理義務等を課すことにより利用者保護については確保することができるものと考えられる。さらに、銀行との契約締結義務を課し、銀行が認識・許容している場合のみスクレイピングを行うことができることとするのであれば、銀行が予期せぬアクセスによって銀行システムに過剰な負担が生ずることも考え難く、銀行システムの安定性を確保することもできる。

　そのため、スクレイピングを全面的に禁止する必要まではなく、電子決済等代行業者が、銀行との間で契約を締結した場合には、スクレイピングにより電子決済等代行業を行うことも可能としたものである。

　なお、上記のような銀行システムへの負荷等の問題から、実際には、電子決済等代行業者によるスクレイピングについて肯定的に捉えている銀行は数少ないものと考えられる。新たな法制の下で電子決済等代行業者との連携・協働に乗り出そうとする銀行の多くは、APIの導入を志向するものと予想され、オープンAPIの促進が期待される。

　また、オープン・イノベーションの促進という観点から、EUにおけるPSD2を参考に、銀行・電子決済等代行業者間の契約の有無にかかわらず、銀行は、登録を受けた電子決済等代行業者からのアクセスを、無権限取引・不正取引等の場合を除いて拒絶できないこととすることも、同様に立法の選択肢としては考えられる。しかし、どのような電子決済等代行業者と接続をするかは、当該銀行の経営戦略にかかわる事項として基本的に各銀行の経営判断に委ねられるべきものであり、これを無視して法律によって一律に登録業者であれば接続を認めるべきとする合理性は存在しない。

　そのため、電子決済等代行業者は、あくまで銀行と契約関係を構築した上で、電子決済等代行業を営まなければならないこととしている。

　なお、電子決済等代行業者が、本項の契約を締結せずに、電子決済等代

行業を行う行為自体は、直接には罰則の対象としていない。しかし、業務改善命令の対象となり（第52条の61の16）、これに違反した場合は罰則の対象となる（第65条第10号）。また、この法律に違反したものとして、業務停止命令・登録取消しの対象となる（第52条の61の17第1項第3号）。

(3) 第2項

① 第1号

第1項に定める電子決済等代行業者との間の契約において、電子決済等代行業者の業務に関して利用者に損害が生じた場合における当該損害の賠償責任についての銀行と電子決済等代行業者との責任分担に関する事項について規定することを求めることとしている。

電子決済等代行業者は、特段金融法制度に精通していない一般大衆等を広くその利用者とすることが想定されている。このような利用者にとって、電子決済等代行業から生じた損害の銀行・電子決済等代行業者間の責任関係は明確でなく、銀行が関与した取引等である以上、その損害は銀行によって賠償されるのではないかといった漠然とした期待が存在する場合も多いものと考えられる。他方、私法の原則に従えば、電子決済等代行業者の過失に基づき利用者に生じた損害について、銀行が当然にこれを連帯して負担すべき理由はない。

ここで、立法の選択肢としては、利用者保護のみを強調して連帯責任である旨規定することも考えられたところである。しかし、これによれば銀行が電子決済等代行業者と連携・協働することが、事実上電子決済等代行業者の業務・財務それぞれのリスクを全て引き受けることと等しくなるため、銀行は慎重とならざるを得ず、連携・協働を阻害することとなりかねない。電子決済等代行業者の業務内容・規模・信用力、各銀行のオープン・イノベーション戦略に基づく銀行・電子決済等代行業者の関係性等に応じて、柔軟に賠償責任の分担ルールを定められることとするのが適切である。

そこで、銀行にとって過大な負担とならない範囲において、利用者保護を確保すべく、利用者から見て、銀行・電子決済等代行業者間の責任関係が明確となるよう、利用者が、「いかなる場合にいずれに損害の賠償を求め

54 第2部 逐条解説編

ることができるか（帰責性が明らかにならない場合における利用者への賠償を行う者を含む）」を、電子決済等代行業者・銀行間の契約においてあらかじめ決定の上（本号）、公表（第3項）することを求めることとしている。

このように、賠償責任の分担のルールについて、電子決済等代行業者・銀行間で協議の上策定することを法律上規定し、かつ、第3項においてこれを公表することを求めることにより、例えば、電子決済等代行業から生じた一切の損害を銀行及び電子決済等代行業者は負担しないといった形での利用者保護に欠ける形での取決めが行われづらい環境を整備する狙いもある(注)。

なお、本号で定めるのは、あくまで銀行・電子決済等代行業者間の賠償責任の分担ルールである。したがって、あくまでも、銀行・電子決済等代行業者のいずれかに帰責性がある場合についての賠償責任の分担の定めを設ければ足りることになる（後掲（注）にあるようにそれ以外の場合の補償についての定めを設けることも当然に可能であるが、これが法令上求められているものではない）。

また、本号の賠償責任の分担ルールは銀行・電子決済等代行業者間の契約に規定される以上、利用者は当然にこれに拘束されるものではないが、ここで定められたルールが、電子決済等代行業者・利用者間の約款等に盛り込まれることにより、利用者に対しても効力が生じることになる。

> （注） 全銀協を事務局とし、金融機関、フィンテック企業等が参加して行われた「オープンAPI検討会」は、取りまとめに相当する「オープンAPIにおけるセキュリティ対策及び利用者保護に関する基本的な考え方」において、電子決済等代行業者及び銀行に過失がない場合でも、利用者にも過失がない場合には、電子決済等代行業者又は銀行から補償を行うことが適当である旨を記載している。また、電子決済等代行業者が契約上利用者への補償の責任を負うこととされている場合には、銀行は電子決済等代行業者の利用者に対する補償に係る体制や資力などが利用者保護に欠けるおそれがないかについて定期的に確認する必要がある旨等の記述もなされている。

② 第2号

第1項に定める電子決済等代行業者との間の契約において、電子決済等代行業者が利用者情報の適正な取扱い及び安全管理のために行う措置及び

当該措置が講ぜられなかった場合に銀行が講ずることができる措置の内容について規定することを求めることとしている。

電子決済等代行業者は、利用者の委託を受けて業務を提供する者である一方で、銀行にとっても、自らに代わって顧客とのインターフェイスとなる者であり、オープン・イノベーションを行い、フィンテックの進展を取り込んでいくためのパートナーと位置付けられる存在である。このため、程度の差こそあれ、銀行代理業者及び銀行の外部委託先と同様に、第一次的には、銀行がその業務の適正性について監督することが求められるものと言える。

本項は、電子決済等代行業者の業務内容に照らして特に重要な部分である利用者に関する情報の適正な取扱い及び安全管理のために行う措置について、このような趣旨を明文化したものであり、具体的に行う措置を銀行との間の契約によって明文化し、かつこれを公表することによって、当該銀行との間での電子決済等代行業務の開始に際して、実効性ある措置が制定・執行されることを確保しようとするものである。

加えて、このような措置を講じなかった場合に銀行が講ずることができる措置を明文化し、公表（第3項）することによって、業務開始以降においても電子決済等代行業者において当該措置が講ぜられることを確保することを企図している。また、このような規定の存在によって、銀行による日常的なモニタリングを促進することも期待される[注]。

なお、立法の選択肢としては、銀行が電子決済等代行業者に対して講ずるべき措置について、法令等により一律に定めることも考えられたところである。しかし、銀行が電子決済等代行業者の業務の適正性を実効的に監督するためには、電子決済等代行業者の業務内容・規模・信用力、各銀行のオープン・イノベーション戦略に基づく銀行・電子決済等代行業者の関係性等に応じて、柔軟に対応を行うことが適切であると考えられることから、具体的内容については、銀行・電子決済等代行業者間の契約の定めに委ねたものである。

本号に規定される「銀行が行うことができる措置の内容」としては、例えば、契約の解除や接続の中断、違約金の支払の請求及び改善計画の提出

等が考えられるが、これに限られるものではなく、電子決済等代行業者と銀行が協議の上、適切な措置を定めることが期待される。

　（注）　実際に前述の「オープンAPIにおけるセキュリティ対策及び利用者保護に関する基本的な考え方」においては、銀行による電子決済等代行業者の業務の定期的なモニタリングの必要性が指摘されているところである。

③　第3号

　第1項に定める電子決済等代行業者との間の契約において、業務の適正を確保するために必要なものとして規定すべきその他の事項については、今後の電子決済等代行業者のビジネスモデルの変化に応じ、オープン・イノベーションの促進及び利用者保護等の趣旨に照らし、電子決済等代行業者・銀行間の契約の内容とすることが適切な新たな事項が登場し、これに対する機動的な対応が必要な事態が生じることも想定されるため、内閣府令に委任することとしている。

　内閣府令の内容としては、例えば、現状の一部の電子決済等代行業者のビジネスモデルを前提に、利用者から決済指図の銀行への伝達又は口座情報の取得・提供の委託を受けてこれを電子決済等代行業者に再委託した者（下図のA社。以下本条の解説において「電子決済等代行業再委託者」という）からの再委託を受けて、電子決済等代行業者が業務を行う場合において、電子決済等代行業者が、電子決済等代行業再委託者の業務における利用者情報の適正な取扱い及び安全管理のために行う措置及び当該措置を行わない場合に銀行が行うことができる措置について規定することが考えられる。

(3)　第3項

　電子決済等代行業者と銀行が第1項の規定に基づき契約を締結した場合に、第2項各号において当該契約中で規定することを求めた事項について、インターネットの利用その他の方法により公表することを求めるものであ

る。

　第2項各号について述べたとおり、第2項各号記載の事項について公表を求めることで、電子決済等代行業者・銀行間の契約において、利用者保護等の観点から実効的な賠償責任の分担及び利用者の情報の適正取扱い等についての規律が規定されることを確保しようとするものである。

　なお、本項の「内閣府令で定めるところ」としては、例えば、インターネットを利用し、利用者が常に容易に閲覧できるよう公表しなければならない旨を規定することが想定される。

第52条の61の11（銀行による基準の作成等）　新設

改　　正　　後
（銀行による基準の作成等） 第五十二条の六十一の十一　銀行は、前条第一項の契約を締結するに当たつて電子決済等代行業者に求める事項の基準を作成し、内閣府令で定めるところにより、インターネットの利用その他の方法により公表しなければならない。 2　前項の求める事項には、前条第一項の契約の相手方となる電子決済等代行業者が電子決済等代行業の業務に関して取得する利用者に関する情報の適正な取扱い及び安全管理のために行うべき措置その他の内閣府令で定める事項が含まれるものとする。 3　銀行は、前条第一項の契約を締結するに当たつて、第一項の基準を満たす電子決済等代行業者に対して、不当に差別的な取扱いを行つてはならない。

(1)　第1項

　銀行に対し、電子決済等代行業者との間で前条第1項の契約を締結するにあたっての基準をあらかじめ策定し、これを公表することを求めるものである。

　本条は、オープン・イノベーションの促進の観点から、銀行に、電子決済等代行業者との契約の締結にあたって、電子決済等代行業者に要求する事項・水準をあらかじめ策定・公表することを求めることとするものである。

　前条第1項の規定により、電子決済等代行業者は銀行と契約を締結することなく、電子決済等代行業に該当するサービスを提供することができな

58 第2部 逐条解説編

いこととなるが、仮に、銀行と電子決済等代行業者との契約の締結について完全な私的自治に委ねた場合、銀行が小規模事業者等と契約を締結しなくなるおそれがあり、法施行時点までに一定の事業規模を確保した先行事業者のみが、継続して電子決済等代行業のサービスを提供することができることにもなりかねない。

また、電子決済等代行業者の側からみると、銀行側から契約を拒まれた場合、どのような点を改善すれば契約に至るのか明らかではなく、特に新規参入者にとっては、参入を阻む大きな要因となる可能性がある。

そこで、本項では、銀行の経営判断を尊重しつつオープン・イノベーションを促進する観点から、銀行に、電子決済等代行業者との契約の締結にあたって、電子決済等代行業者に要求する事項・水準についての基準をあらかじめ策定・公表することを求めることとしている。これにより、銀行による恣意的な電子決済等代行業者の選別が防止され、電子決済等代行業者にとって公平な競争条件が整備されることになる。また、銀行が仮に電子決済等代行業者との連携・協働について消極的な姿勢をとるとの経営判断を下す場合であっても、そのような判断について、本基準の策定・公表を通じて一種の説明義務が生ずることになる

なお、立法の選択肢としては、オープン・イノベーションを促進する方法として、銀行に、登録を取得した電子決済等代行業者との契約を義務付けることも考えられたところであるが、前条の解説において述べたとおり、どのような電子決済等代行業者と接続するかは、当該銀行の経営戦略にかかわる事項として基本的に各銀行の経営判断に委ねられるべきものと考えられるところである。

本項は、今般の法改正が、これまでの金融規制法の在り方とは異なる側面を有することを象徴的にあらわしたものであると言える。すなわち、単純に利用者保護等の観点から新たに登場した電子決済等代行業者を規制の網に捕らえようとするのではなく、利用者保護を確保しつつも、我が国において金融機関とフィンテック企業等とが連携・協働することによって、ITの進展等を活用した多様なサービス展開が可能となり、高度かつ利便性の高い金融サービスが利用者に確保される状況が実現されることを法制

度によって後押ししようという点に、法改正の主眼が置かれていることに留意する必要がある。

(2) 第2項

前項に基づき銀行に策定が義務付けられる、電子決済等代行業者に要求する事項・水準を規定した基準中に「電子決済等代行業の業務に関して取得する利用者に関する情報の適正な取扱い及び安全管理のために行うべき措置」についての規定を含むことを求めた上で、その他の内閣府令において定める事項についても同様に基準中に規定を設けることを求めている。

本条項においては、銀行が電子決済等代行業者に要求する事項・水準として最低限規定すべきものの例示として「電子決済等代行業の業務に関して取得する利用者に関する情報の適正な取扱い及び安全管理のために行うべき措置」を挙げており、その他の最低限定めるべき事項については内閣府令において規定することとしている。「内閣府令で定める事項」としては、例えば、法令遵守体制の整備の状況などが想定される。

なお、前項に係る解説において述べたように、いかなる電子決済等代行業者と連携・協働するかについては、各銀行が自律的に判断・決定すべき事項である。したがって、法令においては、あくまで「このような事項については最低限何らかの基準を示さなければならない」旨を規定するのみであって、各事項について具体的な基準の水準感等について示すことは不適切と考えられ、行っていない。

(3) 第3項

銀行は、第1項に規定する基準を満たす電子決済等代行業者の間では、契約の締結の可否及びその内容について不当に差別的な扱いをしてはならない旨規定するものである。

その趣旨は、銀行は、自らが契約の締結に係る基準を策定・公表した以上は、当該基準を満たす電子決済等代行業者については、原則として契約を締結しなければならず、また、契約の内容についても不当に差別的な扱いをしてはならないとの点にあるものと考えられる。

60　第2部　逐条解説編

　もっとも、合理的な理由があれば、異なる取扱いをすることも可能であり、例えば、前項の基準からは漏れていた事項であって、社会通念上判断の基準とすることが当然であると認められるような要件について電子決済等代行業者が充足していない場合に契約の締結を拒むことは許容されるものと考えられる。他方、「自行のサービス又は子会社・関連会社・提携先会社のサービスと競合している」との理由のみで拒絶すること等は通常合理的な理由によるものとは考えられないものと思われる。

　また、契約の内容についても、電子決済等代行業者の業務内容・規模・信用力、銀行と電子決済等代行業者の関係性等に応じて合理的な差異を設けることは許容され、例えば、（公表している基準に記載のある）経営戦略に基づき、パートナーとして重点的に連携・協働しようとする電子決済等代行業者とそうではない電子決済等代行業者との間の手数料に社会通念上合理的と認められる範囲で一定程度の差を設けること等は許容されるものと考えられる。

第3節　監督

［総論：電子決済等代行業者に対する監督］

　電子決済等代行業者は、利用者の委託を受けて業務を提供する者である一方で、銀行にとっても、自らに代わって顧客とのインターフェイスとなる者であり、オープン・イノベーションを行い、フィンテックの進展を主体的に取り込んでいくためのパートナーと位置付けられる存在である。このため、電子決済等代行業制度においては、まずもって、電子決済等代行業者のパートナーである銀行が、電子決済等代行業者との間の契約による規律を通じて、その業務の健全性・適切性の確保に尽力することが期待されている（第52条の61の10第2項第2号の解説部分参照）。

　もっとも、利用者保護等の観点からはかかる規律のみでは不十分な場合も想定されることから、登録制の導入を前提に、行政が直接電子決済等代行業者を監督することも同時に可能とする制度とすることが適切であると考えられ、本節において、行政の電子決済等代行業者に対する監督権として、報告等徴求権（第52条の61の14）、立入検査権（第52条の61の15）のほか、業務改善命令権（第52条の61の16）、登録の取消し・業務停止の処分権（第52条の61の17）等の規定が設けられている。

　このように第一次的には銀行による監督に期待しつつも、併せて行政上の監督権限を設ける手法は、銀行代理業者に関する制度（第52条の58参照）と共通するものとも考えられる。

　なお、電子決済等代行業者にはいわゆるベンチャー企業も数多く存在するところ、本節に定めるような監督措置がそのような会社が新規に電子決済等代行業に参入することや機動的に事業展開を行うことを躊躇させることのないよう、監督当局における運用面においても、オープン・イノベーションの促進という制度趣旨を踏まえた適切な対応が図られることが重要であるものと考えられる。

第 52 条の 61 の 12（電子決済等代行業に関する帳簿書類）　新設

改　正　後
（電子決済等代行業に関する帳簿書類） 第五十二条の六十一の十二　電子決済等代行業者は、内閣府令で定めるところにより、電子決済等代行業に関する帳簿書類を作成し、これを保存しなければならない。

　本条は、電子決済等代行業に係る計算の状況を明らかにするために、電子決済等代行業者に対し、電子決済等代行業に関する帳簿書類の作成・保存を義務付けるものである。

　「内閣府令で定めるところにより」として委任されている内閣府令においては、例えば具体的に作成すべき帳簿の種類やその保存期間について規定することが想定される。

　なお、本条に規定する帳簿書類の作成、保存を電子的に行うことについては、「民間事業者等が行う書面の保存等における情報通信の技術の利用に関する法律」に基づき可能とすることを予定している（「内閣府の所管する金融関連法令に係る民間事業者等が行う書面の保存等における情報通信の技術の利用に関する法律施行規則」別表第一に銀行法第 52 条の 61 の 12 を追加することを想定している）。

第 52 条の 61 の 13（電子決済等代行業に関する報告書）　新設

改　正　後
（電子決済等代行業に関する報告書） 第五十二条の六十一の十三　電子決済等代行業者は、事業年度ごとに、内閣府令で定めるところにより、電子決済等代行業に関する報告書を作成し、内閣総理大臣に提出しなければならない。

　本条は、電子決済等代行業者の電子決済等代行業に関する報告書の作成義務及び内閣総理大臣への提出義務を定めるものである。

　電子決済等代行業の健全かつ適切な運営を確保するための監督の一手段として、事業年度毎に電子決済等代行業に関する業務の状況を記載した報告書を作成の上、提出を求めることとしている。

　本条の「内閣府令で定めるところにより」との委任に基づき内閣府令に

規定される事項としては、報告書の記載事項、提出期限等が想定される。報告書の記載事項としては、例えば、電子決済等代行業の実施状況等が考えられる。

第52条の61の14（報告又は資料の提出） 新設

改　正　後
（報告又は資料の提出） 第五十二条の六十一の十四　内閣総理大臣は、電子決済等代行業者の電子決済等代行業の健全かつ適切な運営を確保するため必要があると認めるときは、当該電子決済等代行業者に対し、その業務又は財産の状況に関し報告又は資料の提出を求めることができる。 2　内閣総理大臣は、電子決済等代行業者の電子決済等代行業の健全かつ適切な運営を確保するため特に必要があると認めるときは、その必要の限度において、当該電子決済等代行業者と電子決済等代行業の業務に関して取引する者又は当該電子決済等代行業者から電子決済等代行業の業務の委託を受けた者（その者から委託（二以上の段階にわたる委託を含む。）を受けた者を含む。次項並びに次条第二項及び第五項において同じ。）に対し、当該電子決済等代行業者の業務又は財産の状況に関し報告又は資料の提出を求めることができる。 3　電子決済等代行業者と電子決済等代行業の業務に関して取引する者又は電子決済等代行業者から電子決済等代行業の業務の委託を受けた者は、正当な理由があるときは、前項の規定による報告又は資料の提出を拒むことができる。

(1)　第1項

電子決済等代行業の健全かつ適切な運営を確保するため、内閣総理大臣の監督権限として、電子決済等代行業者に対する報告又は資料の徴求権限を定めるものである。

なお、電子決済等代行業者は他業を兼営している場合もあり得るが、報告徴求の権限は「電子決済等代行業の健全かつ適切な運営を確保するため必要があると認めるとき」に限って行使することが認められるから、他業についての報告等の徴求は、それが電子決済等代行業に影響を与える場合に限り行使が認められ、他業の「健全かつ適切な運営を確保するため」に行使することはできないことになる。

(2) 第2項

　電子決済等代行業の健全かつ適切な運営を確保するため、内閣総理大臣の監督権限として、電子決済等代行業者と電子決済等代行業の業務に関して取引する者及び電子決済等代行業者から業務の委託を受けた者（以下、「委託先等」という）に対する報告又は資料の徴求権について定めるものである。

　電子決済等代行業者の業務を的確に監督するため、委託先等についても、特に必要があると認める場合には報告等徴求及び立入検査（次条第2項参照）の対象とする必要があると考えられる。

　委託先等は、銀行法における直接の規制・監督の対象でないことから、当該監督権限はあくまで、電子決済等代行業者の健全かつ適切な運営を確保する目的で行使される必要があり、これとは関係なく、委託先等に対して権限を行使することができないことは当然である。

　委託先等のうち、「電子決済等代行業の業務に関して取引する者」としては、例えば、利用者から決済指図の銀行への伝達又は口座情報の取得・提供の委託を受けてこれを電子決済等代行業者に再委託した者（下図のA社、以下本条に関する解説において「電子決済等代行業再委託者」という）が含まれることとなる。

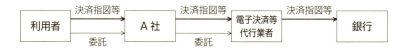

　実務上、電子決済等代行業再委託者は数多く存在しており、また、電子決済等代行業再委託者が提供するサービスは、直接銀行システムに接続していないことを除けば、電子決済等代行業者と同様であって、電子決済等代行業者と同様のリスク（決済指図の誤伝達、顧客の口座情報の漏えい等）が存在しているといえる。

　他方で、電子決済等代行業再委託者を直接に規制の対象とすることは、規制の対象が無限定に広がることになり、また、一部フィンテック企業からは、銀行等へのAPI接続のプラットフォームを提供している既存のビ

ジネスモデルを害しかねない（これらのプラットフォームの利用企業までが規制対象となってしまうため）との懸念が表明されていた。そこで、電子決済等代行業再委託者については、「電子決済等代行業者」には含まれないものと整理する一方、電子決済等代行業者を通じてその業務の健全性・適切性を確保することとする整理を行っており、本項において「電子決済等代行業の業務に関して取引する者」に対する報告又は資料の徴求権が定められたのもこのような観点からの整理の一環である。

なお、銀行代理業者については、その業務の委託先等については、報告等徴求及び立入検査の対象とされていないことから、一見、電子決済等代行業者についてのみ委託先等をその対象とすることは不均衡にも思われる。しかし、銀行代理業者について同趣旨の規定が存在しないのは、そもそも銀行代理業者は銀行の業務の委託先に他ならないことから、銀行代理業者の再委託先についても、当該再委託業務が銀行業務である限りにおいて、第24条第2項に基づく監督権限が及ぶため、重ねて銀行代理業者の委託先等について監督の対象とする必要がないとの判断によるものと考えられ、何ら不均衡が生ずるものではない。

(3) 第3項

委託先等については、銀行法における直接の規制・監督の対象でないことから、これらに対する報告等の徴求は必要最低限度に留める必要がある。本項は、このような観点から、これらの者に正当な理由がある場合には、報告等徴求を拒むことができることとしている。

ここでいう「正当な理由」の存在が認められる場合としては、例えば、①委託先等の行う業務は電子決済等代行業に関連するものに限られず多種多様であることから、当該報告徴求が電子決済等代行業と無関係な業務をも対象としてなされている場合や、②電子決済等代行業と関連する業務についての報告等徴求であっても、電子決済等代行業者自身を対象とした報告等徴求によってその目的を達することが容易に可能であり、比例原則に反する場合等が考えられる。

66　第2部　逐条解説編

第 52 条の 61 の 15（立入検査）　新設

改　正　後
（立入検査） 第五十二条の六十一の十五　内閣総理大臣は、電子決済等代行業者の電子決済等代行業の健全かつ適切な運営を確保するため必要があると認めるときは、当該職員に当該電子決済等代行業者の営業所若しくは事務所その他の施設に立ち入らせ、その業務若しくは財産の状況に関し質問させ、又は帳簿書類その他の物件を検査させることができる。 2　内閣総理大臣は、前項の規定による立入り、質問又は検査を行う場合において、特に必要があると認めるときは、その必要の限度において、当該職員に電子決済等代行業者と電子決済等代行業の業務に関して取引する者若しくは電子決済等代行業者から電子決済等代行業の業務の委託を受けた者の施設に立ち入らせ、電子決済等代行業者に対する質問若しくは検査に必要な事項に関し質問させ、又は帳簿書類その他の物件を検査させることができる。 3　前二項の場合において、当該職員は、その身分を示す証明書を携帯し、関係人の請求があつたときは、これを提示しなければならない。 4　第一項及び第二項の規定による権限は、犯罪捜査のために認められたものと解してはならない。 5　前条第三項の規定は、第二項の規定による電子決済等代行業者と電子決済等代行業の業務に関して取引する者又は電子決済等代行業者から電子決済等代行業の業務の委託を受けた者に対する質問及び検査について準用する。

(1)　第1項

　本項は、電子決済等代行業の健全かつ適切な運営を確保するため、内閣総理大臣の監督権限として、電子決済等代行業者に対する立入検査権について定めるものである。

　なお、電子決済等代行業者は他業を兼営している場合もあり得るが、立入検査権限については、「電子決済等代行業の健全かつ適切な運営を確保するため必要があると認めるとき」に限って行使することが認められるから、他業の「健全かつ適切な運営を確保するため」に立入検査をすることはできないことになる。

(2)　第2項

　本項は、委託先等に対する立入検査権について定めるものである。委託

先等に対する報告等徴求の権限について規定する前条第2項と同趣旨であり、同項に係る解説を参照されたい。

(3) 第3項

行政調査における適正手続の確保の観点から、監督官庁の職員は、電子決済等代行業者及びその委託先等に対する立入検査にあたって身分証を携帯し、関係人の求めに応じてこれを提示しなければならないことを示すものである。

(4) 第4項

第1項及び第2項の立入検査の権限は犯罪捜査のためのものではない旨、確認的に規定したものである。

法律によって監督官庁に与えられた行政調査の権限は、当該調査を必要とする行政行為のために用いられなければならないのであって、これを犯罪捜査に用いることはもとより許されない。本項は、銀行（第25条第4項）及び銀行代理業者（第52条の54第3項）についての規定と同様に、このことを法律上確認的に規定したものである。

(5) 第5項

委託先等が、正当な理由があるときに、立入検査を拒むことができる旨定めるものである。前条第3項の準用規定であり、その趣旨は、前条第3項について述べたところと同様である。

なお、立入検査は、報告等の徴求に比してより対象者にとっての権利の制約が大きい態様の行政調査であるから、比例原則に則ったものであることがより厳格に要求され、例えば、特段の必要性がないのに、委託先等の業務の支障となるような態様・時間帯での立入検査を求める場合等には、これを拒否する「正当な理由」が認められ得るものと考えられる。

68　第 2 部　逐条解説編

第 52 条の 61 の 16（業務改善命令）新設

改　　正　　後
（業務改善命令） 第五十二条の六十一の十六　内閣総理大臣は、電子決済等代行業者の電子決済等代行業の健全かつ適切な運営を確保するため必要があると認めるときは、当該電子決済等代行業者に対し、その必要の限度において、業務の内容及び方法の変更その他監督上必要な措置を命ずることができる。

　銀行に対する第 26 条、銀行代理業者に対する第 52 条の 55 と同様の業務改善命令権を定めるものである。なお「必要な措置」の内容については、監督官庁の裁量に相当程度委ねられているものと考えられる^(注)が、代表的なものとしては、社内規則や契約書類の変更、組織体制の変更、社内研修の実施等が考えられる。他方で、登録の取消し、業務の停止という次条に別途規定されている措置は含まないものと考えられる。

　　（注）　電子決済等代行業者に対し、取締役等役員の解任を命じる権限も排除されるものではないと考えられるが、その運用は謙抑的であるべきと考えられる。というのも、銀行代理業に関する規定（第 52 条の 56 第 2 項）と異なり、監督官庁が役員の解任を命じることができる場合についての明文の規定は設けられていないところ、これは、保険仲立人や資金移動業者等に関する規律と同様に、基本的には、電子決済等代行業者に対する監督を通じてその役員・使用人の監督を行うことで足りるとの判断に基づくものであるからである。

第 52 条の 61 の 17（登録の取消し等）新設

改　　正　　後
（登録の取消し等） 第五十二条の六十一の十七　内閣総理大臣は、電子決済等代行業者が次の各号のいずれかに該当するときは、第五十二条の六十一の二の登録を取り消し、又は六月以内の期間を定めて業務の全部若しくは一部の停止を命ずることができる。 　一　電子決済等代行業者が第五十二条の六十一の五第一項各号のいずれかに該当することとなつたとき。 　二　不正の手段により第五十二条の六十一の二の登録を受けたとき。 　三　この法律又はこの法律に基づく内閣総理大臣の処分に違反したとき、その他電子決済等代行業の業務に関し著しく不適当な行為をしたと認められるとき。

2　内閣総理大臣は、電子決済等代行業者の営業所若しくは事務所の所在地を確知できないとき、又は電子決済等代行業者の所在（法人である場合にあつては、その法人を代表する役員の所在）を確知できないときは、内閣府令で定めるところにより、その事実を公告し、その公告の日から三十日を経過しても当該電子決済等代行業者から申出がないときは、当該電子決済等代行業者の第五十二条の六十一の二の登録を取り消すことができる。

3　前項の規定による処分については、行政手続法第三章（不利益処分）の規定は、適用しない。

(1)　第1項

　電子決済等代行業の業務の適正性を確保するため、各号記載の事由が生じた場合に、電子決済等代行業者に、登録の取消し及び6月以内の期間を定めた業務停止命令を行いうることを規定するものである。

　業務停止命令の期間は、業務停止の期間内にその業務の改善を図ることができることを前提としていること、長期の業務停止は、登録取消しと事実上同等の効果をもたらすものであることから6月以内としており、仮に6月を超えて業務を停止させる必要があれば、登録の取消しによって対応することとなる。

　①　第1号（登録拒否事由に該当するとき）

　申請者に登録拒否事由があったにもかかわらず登録を受けたことが登録後に判明した場合や、申請時には登録拒否事由に該当しなかったものの、登録後に登録拒否事由が生じた場合には、電子決済等代行業者としての適格性が備わっていないため、登録の取消し及び業務停止命令を行い得ることができる旨規定している。なお、内閣総理大臣は、登録拒否事由に該当する場合に必ず本条に規定する処分を行わなければならないわけではなく、例えば、一時的に債務超過状態にあっても、近い将来に明確に債務超過状態が解消される確証があることを理由に処分を見送ることも可能である。

　②　第2号（不正の手段により登録を受けたとき）

　申請者に登録拒否事由があったにもかかわらず、登録申請書類への虚偽記載、故意の不記載などによって登録が行われ、その後、このような事実が判明した場合、登録の前提となった電子決済等代行業者の適格性が正し

く確認されていないことから、登録の取消し及び業務停止命令を行いうる旨規定するものである。

③　第3号（この法律又はこの法律に処分に違反したと認められるとき、その他電子決済等代行業の業務に関し不適当な行為をしたと認められるとき）

このような場合には、利用者保護のため、その業務を停止することが必要な場合があり得ることから、登録の取消し及び業務停止命令を行いうる旨規定するものである。

(2)　第2項

内閣総理大臣が、電子決済等代行業者の営業所若しくは事務所又は電子決済等代行業者の所在（法人の場合は法人を代表する役員の所在）を確知できないときは、その事実を公告し、公告の日から30日を経過しても、当該電子決済等代行業者からの申出がないときは、その登録を取り消すことができることを規定するものである。

このような場合は、電子決済等代行業が適切に行われることが期待できず、また、監督上の処分を行おうとしても実効性が保たれないことから、直ちに登録を取り消すことができることとしている。

(3)　第3項

第2項の規定による処分については、行政手続法第三章の規定を適用しないことを規定するものである。

行政手続法第三章は、不利益処分を課す場合には、聴聞や弁明の機会を付与することなどを定めるが、対象者の所在を確知することができないときは、これらの手続は不要であるから、あらかじめ規定の適用を排除している。

第 52 条の 61 の 18 （登録の抹消） 新設

改　　正　　後
（登録の抹消）
第五十二条の六十一の十八　内閣総理大臣は、次に掲げる場合には、電子決済等代行業者の登録を抹消しなければならない。
一　前条第一項又は第二項の規定により第五十二条の六十一の二の登録を取り消したとき。
二　第五十二条の六十一の七第二項の規定により第五十二条の六十一の二の登録がその効力を失つたとき。

　内閣総理大臣は、電子決済等代行業者の登録を取り消したとき（第 1 号）、又は電子決済等代行業の廃止により登録の効力が失われたとき（第 2 号）は、登録簿の正確性を維持する観点からその登録を抹消しなければならない旨を規定している。

72　第2部　逐条解説編

第4節　認定電子決済等代行事業者協会

第52条の61の19（認定電子決済等代行事業者協会の認定） 新設

改　正　後
（認定電子決済等代行事業者協会の認定） 第五十二条の六十一の十九　内閣総理大臣は、政令で定めるところにより、電子決済等代行業者が設立した一般社団法人であつて、次に掲げる要件を備える者を、その申請により、次条に規定する業務（以下この節において「認定業務」という。）を行う者として認定することができる。 　一　電子決済等代行業の業務の適正を確保し、並びにその健全な発展及び利用者の利益の保護に資することを目的とすること。 　二　電子決済等代行業者を社員（以下この節及び第六十三条の三第五号において「会員」という。）に含む旨の定款の定めがあること。 　三　認定業務を適正かつ確実に行うに必要な業務の実施の方法を定めていること。 　四　認定業務を適正かつ確実に行うに足りる知識及び能力並びに財産的基礎を有すること。

　本条は、一定の業務を行う事業者団体について認定制を設けるものである。

(1)　認定電子決済等代行事業者協会

　電子決済等代行業者は、会員企業に対する指導、監督などの業務を行うことを目的とする事業者団体を任意に設けることができるが、以下のとおり、電子決済等代行業において、セキュリティ対策に関する自主規制の作成等の自主的な取組みが重要となってくることに鑑み、事業者団体に関する規定を設け、こうした取組みを推進しようとするものである。

　　・今後の技術発展に伴い、電子決済等代行業者により多様なサービスが展開されることが想定されることから、行政が検査監督によって対応するよりも、事業者による自主的な取組みに委ねたほうが柔軟で、きめ細かい対応等が可能な問題（利用者からの苦情の解決、約款の整備、セキュリティ対策、利用者への広報等）があると考えられる。

　　・電子決済等代行業者は、電子決済等代行業を行うにあたり、個別に銀行と契約し、セキュリティ対策等について定めることとしており（第

52条の61の10第2項第2号)、その中で、セキュリティ対策が講じられることが想定されるが、事業者団体として、自主規制の作成等を行うことにより、一定の水準のセキュリティの確保されること等が期待できる。

・こうした事業者団体に認定制を設け、利用者からの苦情の解決(第52条の61の23)・利用者への広報(第52条の61の22)を義務付け、また、行政からの情報提供を行う(第52条の61の29)など一定の地位を付与することにより、より一層の利用者保護・電子決済等代行業者に対する信頼性の向上に資することが期待できる。

・また、電子決済等代行業者は、多数の銀行と契約を締結してサービスを提供することが想定されているが、契約締結までの交渉過程において、電子決済等代行業者の立場は銀行に比して弱いことが多いと考えられ、個々の銀行との契約の中で、各銀行がそれぞれ決めるシステム仕様やセキュリティ対策等に基づき業務を行う場合には、過剰な負担がかかることになると考えられる。そのため、事業者団体として一定のシステム仕様やセキュリティ対策等を定めた上で、銀行と交渉を行うことにより、銀行側のシステム仕様やセキュリティ対策等の標準化が一定程度期待でき、多様なサービスの発展に資することになると考えられる。

銀行や銀行代理業については、事業者団体について認定制は設けられていない。しかし、上記のとおり、電子決済等代行業者については、銀行や銀行代理業に比して、技術発展に伴う多様なサービスの展開が想定され、行政による検査監督よりも自主的な取組みによる対応が適切な場面が多いと考えられること、所属銀行制をとる銀行代理業と比して多数の銀行との連携が想定され、自主規制の作成を通じたセキュリティ対策等の標準化が重要となること、交渉力において銀行よりも劣ると考えられること及びこうした事情を踏まえて認定制を求める声があること等から、認定制を規定し、事業者団体に一定の地位を付与することが、実効的な取組みを推進する上で重要になると考えられる。

そのため、電子決済等代行業者については、事業団体の認定制を設ける

74 第2部 逐条解説編

こととしている。

(2) 認定制

認定制の趣旨は、会員に対する指導等の一定の業務を行う事業者団体を認定し、監督することによって、事業者団体がその会員に対して適切な指導等を行うことを推進するとともに、認定された事業者団体の指導等によって、その会員である事業者の事業がより適切に行われることを推進するものである。

このため、一定の業務（認定業務）について、事業者団体が十分な知識・能力等を有して認定業務を適切に行うことができることが確認される場合には、認定業務を行う者として認定するものである。

認定の要件は、次のとおりである。

① 一般社団法人であること（柱書）

② 次のイ〜ハを目的とすること（第1号）

　イ）電子決済等代行業の適切な実施を確保すること

　ロ）電子決済等代行業の健全な発展に資すること

　ハ）電子決済等の利用者の利益の保護に資すること

③ 電子決済等代行業者を会員としていること（第2号）

　電子決済等代行業者以外の者が会員となることは禁じられておらず、電子決済等代行業の健全な発展の観点から、銀行やシステムベンダー等もその会員となることができる。

④ 認定業務を適正かつ確実に行うために必要となる業務の実施の方法を定めていること（第3号）

⑤ 認定業務を確実に履行できる能力・財務基盤が整っていること（第4号）

内閣総理大臣が一方的に認定をすることは想定しておらず、事業者団体からの申請を待つこととなる。認定に係る手続等は政令で定められる。

認定電子決済等代行事業者協会以外の事業者団体が認定の対象である業務（第52条の61の20）を行うことも許されるが、名称規制がある（第52条の61の21第2項）。

第52条の61の20（認定電子決済等代行事業者協会の業務） 新設

改　正　後
（認定電子決済等代行事業者協会の業務）
第五十二条の六十一の二十　認定電子決済等代行事業者協会は、次に掲げる業務を行うものとする。
一　会員が電子決済等代行業を営むに当たり、この法律その他の法令の規定及び第三号の規則を遵守させるための会員に対する指導、勧告その他の業務
二　会員の営む電子決済等代行業に関し、契約の内容の適正化その他電子決済等代行業の利用者の利益の保護を図るために必要な指導、勧告その他の業務
三　会員の営む電子決済等代行業の適正化並びにその取り扱う情報の適正な取扱い及び安全管理のために必要な規則の制定
四　会員のこの法律若しくはこの法律に基づく命令若しくはこれらに基づく処分又は前号の規則の遵守の状況の調査
五　電子決済等代行業の利用者の利益を保護するために必要な情報の収集、整理及び提供
六　会員の営む電子決済等代行業に関する利用者からの苦情の処理
七　電子決済等代行業の利用者に対する広報
八　前各号に掲げるもののほか、電子決済等代行業の健全な発展及び電子決済等代行業の利用者の保護に資する業務

　本条は、認定の対象となる業務（認定業務）について定めるものであり、認定業務は次のとおりである。

(1)　法令及び協会が定める規則（第3号）の遵守に係る会員への指導・勧告等（第1号）

(2)　会員の行う電子決済等代行業に関し、契約の内容の適正化など利用者保護を図るために必要な指導・勧告等（第2号）

　　例えば、標準的な約款を定めることが考えられる。

(3)　電子決済等代行業の適正化や情報管理を図るために必要な規則の制定（第3号）

(4)　会員の法令及び協会が定める規則（第3号）の遵守状況の調査（第4号）

(5)　電子決済等代行業者の利用者の利益保護に必要な情報の収集、整理、提供（第5号）

　　利用者とは、会員である電子決済等代行業者の利用者に限定されず、

76　第2部　逐条解説編

一般的な利用者をいう。

(6)　会員の行う電子決済等代行業に関する利用者からの苦情処理（第6号）

　認定業務は、会員である電子決済等代行業者の利用者からの苦情処理であるが、非会員である電子決済等代行業者の利用者からの苦情処理等が行われることも期待される。

(7)　電子決済等代行業の利用者に対する広報その他、協会の目的を達成するために必要な業務（第7号）

　第52条の61の22による会員に関する情報の利用者への周知も本号に含まれる。

　なお、電子決済等代行業者の提供するサービスは、一般の利用者からみて銀行の提供するものと誤認されるおそれもあるが、銀行と提供するサービスとの相違等を一般に周知させることが、利用者の不測の損害を防止するほか、電子決済等代行業者に対する規制監督を最小限とし、事業の発展をもたらすと考えられ、このような広報を行うことが期待される。

(8)　電子決済等代行業の健全な発展及びその利用者の保護に資する業務（第8号）

　例えば、制度・法令についての調査研究が考えられる。

第52条の61の21（会員名簿の縦覧等）　新設

改　正　後
（会員名簿の縦覧等） 第五十二条の六十一の二十一　認定電子決済等代行事業者協会は、会員名簿を公衆の縦覧に供しなければならない。 2　認定電子決済等代行事業者協会でない者（信用金庫法第八十五条の九（認定信用金庫電子決済等代行事業者協会の認定）の規定による認定を受けた者その他これに類する者として政令で定めるものを除く。）は、その名称中に、認定電子決済等代行事業者協会と誤認されるおそれのある文字を使用してはならない。 3　認定電子決済等代行事業者協会の会員でない者（信用金庫法第八十五条の十（認定信用金庫電子決済等代行事業者協会の業務）に規定する認定信用金庫電子決済等

第52条の61の21　77

> 代行事業者協会の社員である者その他これに類する者として政令で定めるものを除
> く。）は、その名称中に、認定電子決済等代行事業者協会の会員と誤認されるおそれ
> のある文字を使用してはならない。

　本条は、認定電子決済等代行事業者協会の会員名簿の公衆縦覧義務（第
1項）、認定電子決済等代行事業者協会及びその会員に関する名称規制（第
2項、第3項）を定めるものである。

(1)　第1項

　認定電子決済等代行事業者協会の会員である事業者は、非会員である事
業者よりも業務が適切に行われると期待される。そのため、利用者が電子
決済等代行業者を利用する際に会員である事業者を選択できるよう、協会
に対し会員名簿の公衆縦覧の義務を定めるものである。

(2)　第2項

　認定電子決済等代行事業者協会以外の事業者団体が認定の対象である業
務（第52条の61の20）を行うことも許されるが、認定を受けていない電子
決済等代行に関する事業者団体はその業務を適切に行うための監督を受け
ていない。そのため、認定を受けている事業者団体であると誤解されない
よう、認定電子決済等代行事業者協会でない者は、その名称中に、認定電
子決済等代行事業者協会と誤認されるおそれのある文字を用いてはならな
いこととするものである。

(3)　第3項

　認定電子決済等代行事業者協会の会員として指導等を受けていない事業
者が、認定電子決済等代行事業者協会の会員であると誤解されないよう、
認定電子決済等代行事業者協会の会員でない者は、その名称中に、認定電
子決済等代行事業者協会の会員と誤認されるおそれのある文字を用いては
ならないこととするものである。

78　第2部　逐条解説編

第52条の61の22（利用者の保護に資する情報の提供）　新設

改　　正　　後
（利用者の保護に資する情報の提供） 第五十二条の六十一の二十二　認定電子決済等代行事業者協会は、第五十二条の六十一の二十九の規定により内閣総理大臣から提供を受けた情報のうち電子決済等代行業の利用者の保護に資する情報について、電子決済等代行業の利用者に提供できるようにしなければならない。

　本条は、認定電子決済等代行事業者協会の利用者に対する一定の情報についての周知義務等を定めるものである。

　内閣総理大臣は、電子決済等代行業者に関する情報であって、認定業務に資する情報や利用者保護に資する情報を協会へ提供できる旨を規定しており（第52条の61の29）、協会は、提供を受けた情報のうち、被害情報、統計情報など利用者に周知すべき情報について利用者に対し適切かつ確実に提供することが必要となる。このため、利用者に対する情報提供を適切かつ確実に実施できる体制を整備するよう義務付けるものである。

第52条の61の23（利用者からの苦情に関する対応）　新設

改　　正　　後
（利用者からの苦情に関する対応） 第五十二条の六十一の二十三　認定電子決済等代行事業者協会は、電子決済等代行業の利用者から会員の営む電子決済等代行業に関する苦情について解決の申出があつたときは、その相談に応じ、申出人に必要な助言をし、その苦情に係る事情を調査するとともに、当該会員に対しその苦情の内容を通知してその迅速な処理を求めなければならない。 ２　認定電子決済等代行事業者協会は、前項の申出に係る苦情の解決について必要があると認めるときは、当該会員に対し、文書若しくは口頭による説明を求め、又は資料の提出を求めることができる。 ３　会員は、認定電子決済等代行事業者協会から前項の規定による求めがあつたときは、正当な理由がないのに、これを拒んではならない。 ４　認定電子決済等代行事業者協会は、第一項の申出、苦情に係る事情及びその解決の結果について会員に周知させなければならない。

　本条は、利用者からの苦情に関する認定電子決済等代行事業者協会の義

務について定めるものである。

(1) 第1項

協会は、利用者からの苦情を受け付ける事業者の共同窓口としての役割が期待されており、会員の利用者からの苦情について、利用者から相談を受け、助言をするとともに、事情を調査して会員に対し迅速な解決を求めなければならない旨を定めるものである。

(2) 第2項・第3項

協会による苦情の解決の実効性を確保するため、協会が会員に対し説明・資料を要求できる旨を定める（第2項）とともに、会員は、正当な理由がない場合はこれに従わなければならない旨を定めるものである（第3項）。

(3) 第4項

苦情解決の結果を情報として広く共有し、利用者保護をより充実させる観点から、協会は、苦情の申出があったこと、その事情及び解決の結果について会員に周知させなければならない旨を定めるものである。

第52条の61の24（認定電子決済等代行事業者協会への報告等）
新設

改　正　後
（認定電子決済等代行事業者協会への報告等） 第五十二条の六十一の二十四　会員は、電子決済等代行業者が行つた利用者の保護に欠ける行為に関する情報その他電子決済等代行業の利用者の利益を保護するために必要な情報として内閣府令で定めるものを取得したときは、これを認定電子決済等代行事業者協会に報告しなければならない。 2　認定電子決済等代行事業者協会は、その保有する前項に規定する情報について会員から提供の請求があつたときは、正当な理由がある場合を除き、当該請求に係る情報を提供しなければならない。

本条は、サービスの提供に関する会員の認定電子決済等代行事業者協会

80　第2部　逐条解説編

への報告義務（第1項）、報告によって協会が得た情報の会員への提供義務（第2項）について定めるものである。

　会員である電子決済等代行業者は、サービスを日々提供していることから、会員・非会員を問わず他の事業者が行った法令違反や利用者保護上不適切な事例について情報を得やすい立場にある。このような情報を認定電子決済等代行事業者協会へ連絡することを会員に義務付けることで、協会において利用者・加盟店等への注意喚起、行政への助言など、認定業務をより円滑に行わせようとするものである（第1項）。

　利用者の利益を保護するために必要な情報は、内閣府令で定められるが、無登録の事業者に関する情報も含まれ得る。

　会員は、この情報を得て、自らの事業の改善に役立てることも必要であることから、協会は、会員から情報の提供の請求があったときには、報告によって得た情報の提供が義務付けられる（第2項）。

　なお、本条の規定による報告によらない情報であっても、認定業務（第52条の61の20第5号）の1つとして、会員等に対して提供、周知が行われることが期待される。

第52条の61の25（秘密保持義務等）　新設

改　正　後
（秘密保持義務等） 第五十二条の六十一の二十五　認定電子決済等代行事業者協会の役員若しくは職員又はこれらの職にあつた者（次項において「役員等」という。）は、その職務に関して知り得た秘密を漏らし、又は盗用してはならない。 2　認定電子決済等代行事業者協会の役員等は、その職務に関して知り得た情報を、認定業務（当該認定電子決済等代行事業者協会が信用金庫法第八十五条の九（認定信用金庫電子決済等代行事業者協会の認定）の認定を受けた一般社団法人であつて、当該役員等が当該一般社団法人の同法第八十五条の十（認定信用金庫電子決済等代行事業者協会の業務）に規定する業務に従事する役員等である場合における当該業務その他これに類する業務として政令で定める業務を含む。）の用に供する目的以外に利用してはならない。

　本条は、認定電子決済等代行事業者協会の役職員又はこれらの職にあっ

た者に対し、職務に関する秘密の漏えい・盗用の防止（第1項）、情報の目的外利用の禁止（第2項）を義務付けるものである。

(1)　第1項

　協会が認定業務を行う際には、個人、法人の秘密に関する情報を取り扱うことも考えられる。また、第52条の61の29の規定により、内閣総理大臣から、電子決済等代行業者に関する情報のうち認定業務に資する情報が協会に対し提供され、この情報には、個別の事業者に関する情報が含まれる。このため、秘密保持等の義務が課されるものである。

　「その職務」とは認定業務と解される。

　また、「秘密」とは、非公知の事実であって、実質的に秘密として保護するに値するものをいい、個別具体的に判断されるが、具体的には、電子決済等代行業者の取引の内容や相手方等が考えられる。こうした秘密は、第三者に提供すること（漏えい）を防止するだけでなく、自己や第三者のために本来の目的に反する形で利用すること（盗用）も防ぐ必要があることから、秘密の漏えい・盗用を禁じている。

　本項の対象は、協会の役員・職員のほか、過去のこれらの職にあった者も含まれる。本項の保護法益は、秘密の保持等にあり、協会の役職員として在籍しているかどうかによって、保護の必要性に差異が生じるものではないためである。

(2)　第2項

　認定業務の実施に際して知り得た情報を、その業務の用に供する目的以外に利用することを禁じている。ここでいう「情報」は「秘密」に限られるものではなく、また、目的外利用には「盗用」にはあたらないものも含まれる。

　本項の対象は、第1項と同様、協会の役員・職員のほか、過去にこれらの職にあった者も含まれる。

　なお、かっこ書によって、信用金庫や政令で規定する他業態の認定電子決済等代行業者協会の役員を兼ねる者については、当該他業態の認定電子

82　第2部　逐条解説編

決済等代行事業者協会の業務との関係では、例外的に目的外使用を許容している。

第52条の61の26（定款の必要的記載事項）　新設

改　正　後
（定款の必要的記載事項） 第五十二条の六十一の二十六　一般社団法人及び一般財団法人に関する法律（平成十八年法律第四十八号）第十一条第一項各号（定款の記載又は記録事項）に掲げる事項及び第五十二条の六十一の十九第二号に規定する定款の定めのほか、認定電子決済等代行事業者協会は、その定款において、この法律若しくはこの法律に基づく命令若しくはこれらに基づく処分又は第五十二条の六十一の二十第三号の規則に違反した会員に対し、定款で定める会員の権利の停止若しくは制限を命じ、又は除名する旨を定めなければならない。

　本条は、認定資金決済事業者協会の定款の必要的記載事項を定めるものである。

　協会は、一般社団法人であることから、一般社団法人及び一般財団法人に関する法律に従って、定款に目的等を定める必要がある。また、第52条の61の19第2号により、電子決済等代行業者を社員（会員）とする旨を定める必要がある。

　このほかに、本条により、定款には、法令や協会の規則に違反した会員について除名等の処分ができる旨を定めておくことが必要となる。これは、協会が苦情処理等の認定業務を効果的に行わせるとともに、協会の会員への信頼性を確保するためのものであるためである。

第52条の61の27（立入検査等）　新設

改　正　後
（立入検査等） 第五十二条の六十一の二十七　内閣総理大臣は、この法律の施行に必要な限度において、認定電子決済等代行事業者協会に対し、その業務若しくは財産に関し参考となるべき報告若しくは資料の提出を命じ、又は当該職員に当該認定電子決済等代行事業者協会の事務所に立ち入らせ、その業務若しくは財産の状況に関して質問させ、

第 52 条の 61 の 28　83

> 若しくは帳簿書類その他の物件を検査させることができる。
> 2　前項の場合において、当該職員は、その身分を示す証明書を携帯し、関係人の請求があつたときは、これを提示しなければならない。
> 3　第一項の規定による権限は、犯罪捜査のために認められたものと解してはならない。

(1)　第1項

　本項は、認定電子決済等代行事業者協会に対する、業務・財産に関する報告・資料の提出命令権と立入検査権を内閣総理大臣に認めるものである。

　内閣総理大臣が協会の業務や財産の状況を十分に把握し、監督を全うするための手段として、随時の報告・資料の徴求権及び立入検査権を認めている。

　業務は認定業務に限られず、認定業務の適正性等をチェックする必要があれば、他の業務に関しても報告・資料の提出命令、立入検査を実施することができる。

(2)　第2項

　本項は、第 52 条の 61 の 15 第 3 項と同趣旨であり、同項に係る解説を参照されたい。

(3)　第3項

　本項は、第 52 条の 61 の 15 第 4 項と同趣旨であり、同項に係る解説を参照されたい。

第 52 条の 61 の 28（認定電子決済等代行事業者協会に対する監督命令等）　新設

改　正　後
（認定電子決済等代行事業者協会に対する監督命令等）
第五十二条の六十一の二十八　内閣総理大臣は、認定業務の運営に関し改善が必要であると認めるときは、この法律の施行に必要な限度において、認定電子決済等代行事業者協会に対し、その改善に必要な措置をとるべきことを命ずることができる。

84　第2部　逐条解説編

> 2　内閣総理大臣は、認定電子決済等代行事業者協会の業務の運営がこの法律若しく
> はこの法律に基づく命令又はこれらに基づく処分に違反したときは、その認定を取
> り消し、又は六月以内の期間を定めてその業務の全部若しくは一部の停止を命ずる
> ことができる。

　本条は、認定業務の運営に不適切な状況が生じた場合等に、認定電子決済等代行事業者協会に対し、内閣総理大臣がその改善に必要な措置その他監督上必要な措置をとることを命ずることにより、認定業務の適正かつ確実な遂行を確保しようとするものである。

　協会の業務及び財産の状況に関し不適切な状況が生じた場合に、内閣総理大臣が改善に必要な措置をとることを命ずることができることにより、協会が行う認定業務の適正かつ確実な遂行を確保するほか、協会が法令違反等を行った場合に内閣総理大臣に認定取消権や業務停止命令権を付与することにより、協会が行う認定業務の運営の適正性を確保するものである。

　第1項の業務改善命令及び第2項の業務停止命令の対象は認定業務に限定される。

　なお、認定の取消し要件は定められていないが、認定業務が不適切な場合だけでなく、認定業務以外の業務が不適切であることで認定電子決済等代行事業者協会の信頼性を損なうと考えられる場合にも、認定を取り消すこともできると解される。

第52条の61の29（認定電子決済等代行事業者協会への情報提供）　新設

改　正　後
（認定電子決済等代行事業者協会への情報提供） 第五十二条の六十一の二十九　内閣総理大臣は、認定電子決済等代行事業者協会の求めに応じ、認定電子決済等代行事業者協会が認定業務を適正に行うために必要な限度において、電子決済等代行業者に関する情報であつて認定業務に資するものとして内閣府令で定める情報を提供することができる。

　本条は、内閣総理大臣が、その保有する電子決済等代行業者に関する情報であって認定業務に資する情報について、認定電子決済等事業者協会に

対し提供することができることを定めるものである。

　協会は、会員に対する法令遵守状況の調査のほか、苦情処理に関与することや会員からの情報提供により、法令遵守・利用者保護に関する様々な情報が集約される。これに更なる情報を提供することで、協会による利用者保護をより推進しようとするものである。

　提供される情報としては、届出書、登録申請書、それらの添付資料の記載事項や、法令解釈事例、検査指摘事例、処分事例が想定される。具体的には内閣府令で定められるが、苦情処理や、利用者からの質問等に応えるのに必要な限りで、個別の情報の提供も許されていると考えられる。

　なお、本条による限りにおいて公務員の守秘義務（国家公務員法第100条）が解除される。

86 第2部 逐条解説編

第5節 雑則

第52条の61の30 新設

改　　正　　後
<u>第五十二条の六十一の三十　電子決済等代行業者が外国法人又は外国に住所を有する</u> <u>個人である場合におけるこの法律の規定の適用に当たつての技術的読替えその他当</u> <u>該外国法人又は個人に対するこの法律の規定の適用に関し必要な事項は、政令で定</u> <u>める。</u>

　本条は、電子決済等代行業者が外国法人又は外国に住所を有する個人である場合の本法令の技術的読替えについて政令に委任するものである。

　電子決済等代行業者が外国法人又は外国に住所を有する個人である場合において、例えば、第52条の61の7第4号に規定する「破産管財人」や同条第5号に規定する清算人など、内国法人を念頭に置いている規定についてそのまま適用することが困難なものが存在しているため、読替え規定を置いている。

第8章　雑則

第53条（届出事項）
第5項

改　正　後	改　正　前
（届出事項）	（届出事項）
第五十三条　（略）	第五十三条　（略）
2～4　（略）	2～4　（略）
5　電子決済等代行業者は、電子決済等代行業を開始したとき、銀行との間で第五十二条の六十一の十第一項の契約を締結したとき、その他内閣府令で定める場合に該当するときは、内閣府令で定めるところにより、その旨を内閣総理大臣に届け出なければならない。	（新設）
6　（略）	5　（略）

　電子決済等代行業者に、電子決済等代行業を開始したとき及び銀行との間で電子決済等代行業に係る契約を締結したときその他の場合の内閣総理大臣に対する届出義務を課すものである。

　電子決済等代行業者が業務を開始したことは、電子決済等代行業者の監督する監督官庁にとって必須の情報である。また、いかなる銀行との間で契約を締結し、業務を行っているかは、電子決済等代行業者のみならず、銀行の監督にとっても有用な情報となるため、届出義務を課すこととしている。

　加えて、届出事項については、今後の電子決済等代行業の状況に応じた機動的な追加・変更等の対応が必要になることから、銀行法上の他の主体（銀行、銀行持株会社、銀行主要株主、銀行代理業者）と同様に、内閣府令への委任規定を設けている。「内閣府令で定める場合」としては、例えば、「定款又はこれに準ずる定めを変更した場合」等について規定することが想定される。

88　第2部　逐条解説編

　また、「内閣府令で定めるところにより」の内容としては、電子決済等代行業者における負担の軽減の観点から、本項に規定する事項については一定期間に発生した事項を一括して届け出ることができる旨を規定すること等を想定している。

第56条（内閣総理大臣の告示）

改　　正　　後	改　　正　　前
（内閣総理大臣の告示） 第五十六条　次に掲げる場合には、内閣総理大臣は、その旨を官報で告示するものとする。 一〜十二　（略）	（内閣総理大臣の告示） 第五十六条　次に掲げる場合には、内閣総理大臣は、その旨を官報で告示するものとする。 一〜十二　（略）
十三　第五十二条の六十一の七第二項の規定により第五十二条の六十一の二の登録が効力を失つたとき。	（新設）
十四　第五十二条の六十一の十七第一項の規定により電子決済等代行業者の電子決済等代行業の全部又は一部の停止を命じたとき。	（新設）
十五　第五十二条の六十一の十七第一項又は第二項の規定により第五十二条の六十一の二の登録を取り消したとき。	（新設）
十六　第五十二条の六十一の十九の規定による認定をしたとき。	（新設）
十七　第五十二条の六十一の二十八第二項の規定により第五十二条の六十一の十九の認定を取り消したとき。	（新設）
十八　第五十二条の六十一の二十八第二項の規定により認定電子決済等代行事業者協会の業務の全部又は一部の停止を命じたとき。	（新設）
十九　（略）	十三　（略）

(1) **第13号**

電子決済等代行業者の登録が失効した場合の内閣総理大臣の官報における告示義務を定めるものである。電子決済等代行業者の登録の失効を、利用者をはじめとする一般公衆に周知させることを目的としている。

(2) **第14号**

電子決済等代行業者に対する業務停止命令を行った場合の内閣総理大臣の官報における告示義務を定めるものである。電子決済等代行業者に対する処分を、利用者をはじめとする一般公衆に周知させることを目的としている。

(3) **第15号**

電子決済等代行業者に対する登録取消処分を行った場合の内閣総理大臣の官報における告示義務を定めるものである。電子決済等代行業者に対する処分を、利用者をはじめとする一般公衆に周知させることを目的としている。なお、登録簿を確認すれば一般公衆は登録が抹消された事実（第52条の61の18）については知り得るものの、本号はそれが処分によるものであることを周知させる意義を有している。

(4) **第16号・第17号・第18号**

認定電子決済等代行業事業者協会の認定を行った場合等の内閣総理大臣の官報における告示義務を定めるものである。協会に係る認定制度は、認定業務を適切に実施できる主体であることを公に示す制度である。したがって、認定した事実や認定を取り消した事実などについて、一般に周知させる必要があることから本各号による告示義務が規定されているものである。

(5) **第19号**

上記第13号から第18号までを新設したことに伴う形式的修正を行うものである。

90　第2部　逐条解説編

第9章　罰則

　電子決済等代行業者については、利用者保護等の観点から様々な行為規
制が義務付けられており、これらの規制の実効性を担保するため、義務違
反者に対しては罰則の対象とする必要がある。

　電子決済等代行業者は、利用者からの委託を受け、利用者と銀行との間
で、サービスの仲介を行う業者であり、銀行からの委託を受けてこのよう
な業を行う銀行代理業者と親近性のあるものであることから、電子決済等
代行業に係る罰則については、基本的に、銀行代理業と同水準としている。

　また、認定電子決済等代行事業者協会に係る規制については、資金決済
に関する法律上の認定資金決済事業者協会に係る罰則を参考に、罰則規定
を設けている。

電子決済等代行業者に関する罰則規定の改正事項の一覧

罰則規定	対象行為等	罰則の内容
第61条第8号	無登録営業 （第52条の61の2）	3年以下の懲役若しく は300万円以下の罰 金、又はこれを併科
第61条第9号	不正登録 （第52条の61の2）	同上
第62条第2号	業務停止命令違反 （第52条の61の17第1項）	2年以下の懲役又は 300万円以下の罰金
第63条第1号	報告書の未提出、虚偽記載 （第52条の61の13）	1年以下の懲役又は 300万円以下の罰金
第63条第2号	報告徴求命令違反 （第52条の61の14第1項・第2項）	同上
第63条第3号	検査に関する違反 （第52条の61の15第1項・第2項）	同上
第63条第8号	登録申請書等の虚偽記載 （第52条の61の3第1項・第2項）	同上

第63条の3第2号	業務方法書記載事項の変更届出・業務廃止届出の届出義務違反、虚偽届出（第52条の61の6第3項、第52条の61の7第1項）	30万円以下の罰金
第64条第1項第1号	法人の両罰規定 ・業務停止命令違反 （第52条の61の17第1項）	3億円以下の罰金刑
第64条第1項第2号	法人の両罰規定 ・報告書の未提出、虚偽記載 （第52条の61の13） ・報告徴求命令違反 （第52条の61の14第1項・第2項） ・検査に関する違反 （第52条の61の15第1項・第2項） ・登録申請書等の虚偽記載 （第52条の61の3第1項・第2項）	2億円以下の罰金
第64条第1項第4号	法人の両罰規定 ・無登録営業 （第52条の61の2） ・不正登録 （第52条の61の2） ・業務方法書記載事項の変更届出・業務廃止届出の届出義務違反、虚偽届出 （第52条の61の6第3項、第52条の61の7第1項）	各本条の罰金刑
第65条第4号	登録申請事項の変更届出義務違反、虚偽届出（第52条の61の6第1項） 開業等の届出義務違反、虚偽届出 （第53条第5項）	100万円以下の過料
第65条第10号	業務改善命令違反 （第52条の61の16）	同上
第65条第19号	帳簿書類作成・保存義務違反、虚偽の帳簿書類作成 （第52条の61の12）	同上

92　第2部　逐条解説編

第61条

改　正　後	改　正　前
第六十一条　次の各号のいずれかに該当する者は、三年以下の懲役若しくは三百万円以下の罰金に処し、又はこれを併科する。 一～七　（略） 　八　第五十二条の六十一の二の規定に違反して、登録を受けないで電子決済等代行業を営んだ者 　九　不正の手段により第五十二条の六十一の二の登録を受けた者	第六十一条　次の各号のいずれかに該当する者は、三年以下の懲役若しくは三百万円以下の罰金に処し、又はこれを併科する。 一～七　（略） （新設） （新設）

　本条では、第52条の61の2の登録を受けないで電子決済等代行業を営んだ者（第8号）、不正の手段により第52条の61の2の登録を受けた者（第9号）に対して、3年以下の懲役若しくは300万円以下の罰金に処し、又はこれを併科することとしている。

第62条

改　正　後	改　正　前
第六十二条　次の各号のいずれかに該当する場合には、その違反行為をした者は、二年以下の懲役又は三百万円以下の罰金に処する。 　一　第四条第四項又は第五十二条の三十八第二項の規定により付した条件に違反したとき。 　二　第二十六条第一項、第二十七条、第五十二条の三十四第一項若しくは第四項、第五十二条の五十六第一項又は第五十二条の六十一の十七第一項の規定による業務の全部又は一部の停止の命令に違反したとき。 　三　第五十二条の六十一の二十八第二	第六十二条　次の各号のいずれかに該当する者は、二年以下の懲役又は三百万円以下の罰金に処する。 　一　第四条第四項又は第五十二条の三十八第二項の規定により付した条件に違反した者 　二　第二十六条第一項、第二十七条、第五十二条の三十四第一項若しくは第四項又は第五十二条の五十六第一項の規定による業務の全部又は一部の停止の命令に違反した者 （新設）

改　正　後
項の規定による業務の全部又は一部の停止の命令に違反したとき。

　本条では、第52条の61の17第1項の規定による業務停止命令に違反した電子決済等代行業者（第2号）、第52条の61の28第2項の規定による業務停止命令に違反した認定電子決済等代行事業者協会（第3号）に対して、2年以下の懲役若しくは300万円以下の罰金を科すこととしている。

第63条

改　正　後	改　正　前
第六十三条　次の各号のいずれかに該当する者は、一年以下の懲役又は三百万円以下の罰金に処する。	第六十三条　次の各号のいずれかに該当する者は、一年以下の懲役又は三百万円以下の罰金に処する。
一　第十九条、<u>第五十二条の二十七、</u>第五十二条の五十第一項（第五十二条の二の十において準用する場合を含む。）<u>又は第五十二条の六十一の十三</u>の規定に違反して、これらの規定に規定する書類の提出をせず、又はこれらの書類に記載すべき事項を記載せず、若しくは虚偽の記載をしてこれらの書類の提出をした者	一　第十九条、<u>第五十二条の二十七又は</u>第五十二条の五十第一項（第五十二条の二の十において準用する場合を含む。）の規定に違反して、これらの規定に規定する書類の提出をせず、又はこれらの書類に記載すべき事項を記載せず、若しくは虚偽の記載をしてこれらの書類の提出をした者
一の二・一の三　（略）	一の二・一の三　（略）
二　第二十四条第一項（第四十三条第三項において準用する場合を含む。）、第二十四条第二項、第五十二条の七、第五十二条の十一、第五十二条の三十一第一項若しくは第二項、<u>第五十二条の五十三若しくは第五十二条の六十一の十四第一項若しくは第二項</u>の規定による報告若しくは資料の提出をせず、又は虚偽の報告若しくは資料の提出をした者	二　第二十四条第一項（第四十三条第三項において準用する場合を含む。）、第二十四条第二項、第五十二条の七、第五十二条の十一、第五十二条の三十一第一項若しくは第二項<u>若しくは第五十二条の五十三の規定</u>による報告若しくは資料の提出をせず、又は虚偽の報告若しくは資料の提出をした者
三　第二十五条第一項（第四十三条第三項において準用する場合を含	三　第二十五条第一項（第四十三条第三項において準用する場合を含

む。）、第二十五条第二項、第五十二条の八第一項、第五十二条の十二第一項、第五十二条の三十二第一項若しくは第二項、第五十二条の五十四第一項若しくは第五十二条の六十一の十五第一項若しくは第二項の規定による当該職員の質問に対して答弁をせず、若しくは虚偽の答弁をし、又はこれらの規定による検査を拒み、妨げ、若しくは忌避した者	む。）、第二十五条第二項、第五十二条の八第一項、第五十二条の十二第一項、第五十二条の三十二第一項若しくは第二項若しくは第五十二条の五十四第一項の規定による当該職員の質問に対して答弁をせず、若しくは虚偽の答弁をし、又はこれらの規定による検査を拒み、妨げ、若しくは忌避した者
三の二～七 （略）	三の二～七 （略）
八 第五十二条の三十七第一項の規定による申請書若しくは同条第二項の規定によりこれに添付すべき書類又は第五十二条の六十一の三第一項の規定による登録申請書若しくは同条第二項の規定によりこれに添付すべき書類に虚偽の記載をして提出した者	八 第五十二条の三十七第一項の規定による申請書又は同条第二項の規定によりこれに添付すべき書類に虚偽の記載をして提出した者
九・十 （略）	九・十 （略）

　本条では、報告書の未提出、虚偽記載（第1号）、報告徴求命令違反（第2号）、検査に対する不適切な対応（第3号）、登録申請書等の虚偽記載（第8号）を行った電子決済等代行業者に対して、1年以下の懲役又は300万円以下の罰金を科すこととしている。

第63条の2の4　新設

改　正　後
第六十三条の二の四　第五十二条の六十一の二十五の規定に違反した者は、一年以下の懲役又は五十万円以下の罰金に処する。

　本条では、秘密保持義務違反（第52条の61の25）を行った認定電子決済等代行事業者協会に対して、1年以下の懲役又は50万円以下の罰金を科すこととしている。

第63条の2の5

改　正　後	改　正　前
<u>第六十三条の二の五</u>　次の各号のいずれかに該当する者は、六月以下の懲役若しくは五十万円以下の罰金に処し、又はこれを併科する。 一～四　（略） <u>五　第五十二条の六十一の二十七第一項の規定による報告若しくは資料の提出をせず、若しくは虚偽の報告若しくは資料の提出をし、又は同項の規定による当該職員の質問に対して答弁をせず、若しくは虚偽の答弁をし、若しくは同項の規定による検査を拒み、妨げ、若しくは忌避した者</u>	第六十三条の二の四　次の各号のいずれかに該当する者は、六月以下の懲役若しくは五十万円以下の罰金に処し、又はこれを併科する。 一～四　（略） （新設）

　本条では、第52条の61の27の規定による報告徴求命令に違反した認定電子決済等代行事業者協会、検査に対する不適切な対応を行った認定電子決済等代行事業者協会に対して、6月以下の懲役若しくは50万円以下の罰金に科すこととしている。

第63条の3

改　正　後	改　正　前
第六十三条の三　次の各号のいずれかに該当する者は、三十万円以下の罰金に処する。 一　（略） 二　第五十二条の三十九第二項、第五十二条の五十二、<u>第五十二条の六十一の六第三項、第五十二条の六十一の七第一項、</u>第五十二条の七十八第一項、第五十二条の七十九若しくは第五十二条の八十三第二項の規定による届出をせず、又は虚偽の届出をした者	第六十三条の三　次の各号のいずれかに該当する者は、三十万円以下の罰金に処する。 一　（略） 二　第五十二条の三十九第二項、第五十二条の五十二、第五十二条の七十八第一項、第五十二条の七十九若しくは第五十二条の八十三第二項の規定による届出をせず、又は虚偽の届出をした者

96　第2部　逐条解説編

改　正　後	改　正　前
三・四　（略）	三・四　（略）
五　第五十二条の六十一の二十一第三項の規定に違反してその名称中に認定電子決済等代行事業者協会の会員と誤認されるおそれのある文字を使用した者	（新設）
六・七　（略）	五・六　（略）

　本条では、業務方法書記載事項の変更届出及び廃業等届出の届出義務違反並びに虚偽届出を行った電子決済等代行業者（第2号）、第52条の61の21第3項の規定に違反して、認定電子決済等代行事業者協会の会員でないにもかかわらず、名称中に、その会員と誤認されるおそれのある文字を用いた者（第5号）に対して、30万円以下の罰金を科すこととしている。

第64条

改　正　後	改　正　前
第六十四条　法人（法人でない団体で代表者又は管理人の定めのあるものを含む。以下この項において同じ。）の代表者又は法人若しくは人の代理人、使用人その他の従業者が、その法人又は人の業務又は財産に関し、次の各号に掲げる規定の違反行為をしたときは、その行為者を罰するほか、その法人に対して当該各号に定める罰金刑を、その人に対して各本条の罰金刑を科する。	第六十四条　法人（法人でない団体で代表者又は管理人の定めのあるものを含む。以下この項において同じ。）の代表者又は法人若しくは人の代理人、使用人その他の従業者が、その法人又は人の業務又は財産に関し、次の各号に掲げる規定の違反行為をしたときは、その行為者を罰するほか、その法人に対して当該各号に定める罰金刑を、その人に対して各本条の罰金刑を科する。
一　第六十一条第四号又は第六十二条（第三号を除く。）　三億円以下の罰金刑	一　第六十一条第四号又は第六十二条　三億円以下の罰金刑
二　第六十二条の二（第二号を除く。）、第六十三条第一号から第四号まで、第七号、第八号若しくは第十号又は第六十三条の二第一号　二億円以下の罰金刑	二　第六十二条の二（第二号を除く。）、第六十三条第一号から第四号まで、第七号、第八号若しくは第十号又は第六十三条の二第一号　二億円以下の罰金刑
三　第六十三条の二の二　一億円以下	三　第六十三条の二の二　一億円以下

の罰金刑	の罰金刑
四　第六十一条（第四号を除く。）、第六十一条の二、第六十二条第三号、第六十二条の二第二号、第六十三条第五号から第六号の二まで若しくは第九号、第六十三条の二第二号又は第六十三条の二の五から前条まで　各本条の罰金刑	四　第六十一条（第四号を除く。）、第六十一条の二、第六十二条の二第二号、第六十三条第五号から第六号の二まで若しくは第九号、第六十三条の二第二号又は第六十三条の二の四から前条まで　各本条の罰金刑
2　前項の規定により法人でない団体を処罰する場合には、その代表者又は管理人がその訴訟行為につきその団体を代表するほか、法人を被告人又は被疑者とする場合の刑事訴訟に関する法律の規定を準用する。	2　前項の規定により法人でない団体を処罰する場合には、その代表者又は管理人がその訴訟行為につきその団体を代表するほか、法人を被告人又は被疑者とする場合の刑事訴訟に関する法律の規定を準用する。

　本条では、法人の代表者等が違反行為をした場合において、その行為者を罰するほか、その法人に対して各号の罰金刑を科すことを規定している。

第65条

改　正　後	改　正　前
第六十五条　次の各号のいずれかに該当する場合には、その行為をした銀行（銀行が第四十一条第一号から第三号までのいずれかに該当して第四条第一項の内閣総理大臣の免許が効力を失つた場合における当該銀行であつた会社を含む。）の取締役、執行役、会計参与若しくはその職務を行うべき社員、監査役、支配人若しくは清算人、外国銀行の代表者、代理人若しくは支配人、銀行議決権大量保有者（銀行議決権大量保有者が銀行議決権大量保有者でなくなつた場合における当該銀行議決権大量保有者であつた者を含み、銀行議決権大量保有者が法人等（法人及び第三条の二第一項第一号に掲げる法人でない団	第六十五条　次の各号のいずれかに該当する場合には、その行為をした銀行（銀行が第四十一条第一号から第三号までのいずれかに該当して第四条第一項の内閣総理大臣の免許が効力を失つた場合における当該銀行であつた会社を含む。）の取締役、執行役、会計参与若しくはその職務を行うべき社員、監査役、支配人若しくは清算人、外国銀行の代表者、代理人若しくは支配人、銀行議決権大量保有者（銀行議決権大量保有者が銀行議決権大量保有者でなくなつた場合における当該銀行議決権大量保有者であつた者を含み、銀行議決権大量保有者が法人等（法人及び第三条の二第一項第一号に掲げる法人でない団

体をいう。以下この条において同じ。）
であるときは、その取締役、執行役、会
計参与若しくはその職務を行うべき社
員、監査役、代表者、管理人、支配人、
業務を執行する社員又は清算人）、銀行
主要株主（銀行主要株主が銀行主要株
主でなくなつた場合における当該銀行
主要株主であつた者を含み、銀行主要
株主が法人等であるときは、その取締
役、執行役、会計参与若しくはその職
務を行うべき社員、監査役、代表者、管
理人、支配人、業務を執行する社員又
は清算人）、特定主要株主（特定主要株
主が銀行の主要株主基準値以上の数の
議決権の保有者でなくなつた場合にお
ける当該特定主要株主であつた者を含
み、特定主要株主が法人等であるとき
は、その取締役、執行役、会計参与若し
くはその職務を行うべき社員、監査役、
代表者、管理人、支配人、業務を執行す
る社員又は清算人）、銀行持株会社（銀
行持株会社が銀行持株会社でなくなつ
た場合における当該銀行持株会社であ
つた会社を含む。）の取締役、執行役、
会計参与若しくはその職務を行うべき
社員、監査役、支配人若しくは清算人、
特定持株会社（特定持株会社が銀行を
子会社とする持株会社でなくなつた場
合における当該特定持株会社であつた
会社を含む。）の取締役、執行役、会計
参与若しくはその職務を行うべき社
員、監査役、支配人、業務を執行する社
員若しくは清算人、<u>銀行代理業者若し
くは電子決済等代行業者（銀行代理業
者又は電子決済等代行業者</u>が法人であ
るときは、その取締役、執行役、会計参
与若しくはその職務を行うべき社員、
監査役、理事、監事、代表者、業務を執

体をいう。以下この条において同じ。）
であるときは、その取締役、執行役、会
計参与若しくはその職務を行うべき社
員、監査役、代表者、管理人、支配人、
業務を執行する社員又は清算人）、銀行
主要株主（銀行主要株主が銀行主要株
主でなくなつた場合における当該銀行
主要株主であつた者を含み、銀行主要
株主が法人等であるときは、その取締
役、執行役、会計参与若しくはその職
務を行うべき社員、監査役、代表者、管
理人、支配人、業務を執行する社員又
は清算人）、特定主要株主（特定主要株
主が銀行の主要株主基準値以上の数の
議決権の保有者でなくなつた場合にお
ける当該特定主要株主であつた者を含
み、特定主要株主が法人等であるとき
は、その取締役、執行役、会計参与若
しくはその職務を行うべき社員、監査役、
代表者、管理人、支配人、業務を執行す
る社員又は清算人）、銀行持株会社（銀
行持株会社が銀行持株会社でなくなつ
た場合における当該銀行持株会社であ
つた会社を含む。）の取締役、執行役、
会計参与若しくはその職務を行うべき
社員、監査役、支配人若しくは清算人、
特定持株会社（特定持株会社が銀行を
子会社とする持株会社でなくなつた場
合における当該特定持株会社であつた
会社を含む。）の取締役、執行役、会計
参与若しくはその職務を行うべき社員、
監査役、支配人、業務を執行する社員
若しくは<u>清算人又は銀行代理業者</u>
（銀行代理業者が法人であるときは、そ
の取締役、執行役、会計参与若しくは
その職務を行うべき社員、監査役、理
事、監事、代表者、業務を執行する社員
又は清算人）<u>は、百万円</u>以下の過料に

行する社員又は清算人）又は認定電子決済等代行事業者協会の理事、監事若しくは清算人は、百万円以下の過料に処する。

一〜三　（略）

四　第八条第一項若しくは第四項、第十六条第一項、第三十四条第一項、第三十六条第一項、第三十八条、第四十九条、第五十二条第一項若しくは第三項、第五十二条の二第三項、第五十二条の二の九、第五十二条の三十九第一項、第五十二条の四十七第一項、第五十二条の四十八、第五十二条の六十一第三項、第五十二条の六十一の六第一項若しくは第五十三条第一項から第五項までの規定に違反して、これらの規定による届出、公告若しくは掲示をせず、又は虚偽の届出、公告若しくは掲示をしたとき。

五　第十六条の二第一項の規定に違反して同項に規定する子会社対象会社以外の会社（第十六条の四第一項に規定する国内の会社を除く。）を子会社としたとき、又は第五十二条の二十三第一項の規定に違反して同項に規定する子会社対象会社以外の会社（第五十二条の二十四第一項に規定する国内の会社を除く。）を子会社としたとき。

六　第十六条の二第七項の規定による内閣総理大臣の認可を受けないで同項に規定する子会社対象銀行等を子会社としたとき、又は同条第九項において準用する同条第七項の規定による内閣総理大臣の認可を受けないで同条第一項各号に掲げる会社を当該各号のうち他の号に掲げる会社

処する。

一〜三　（略）

四　第八条第一項若しくは第四項、第十六条第一項、第三十四条第一項、第三十六条第一項、第三十八条、第四十九条、第五十二条第一項若しくは第三項、第五十二条の二第三項、第五十二条の二の九、第五十二条の三十九第一項、第五十二条の四十七第一項、第五十二条の四十八、第五十二条の六十一第三項若しくは第五十三条第一項から第四項までの規定に違反して、これらの規定による届出、公告若しくは掲示をせず、又は虚偽の届出、公告若しくは掲示をしたとき。

五　第十六条の二第一項の規定に違反して同項に規定する子会社対象会社以外の会社（第十六条の四第一項に規定する国内の会社を除く。）を子会社としたとき又は第五十二条の二十三第一項の規定に違反して同項に規定する子会社対象会社以外の会社（第五十二条の二十四第一項に規定する国内の会社を除く。）を子会社としたとき。

六　第十六条の二第七項の規定による内閣総理大臣の認可を受けないで同項に規定する子会社対象銀行等を子会社としたとき又は同条第九項において準用する同条第七項の規定による内閣総理大臣の認可を受けないで同条第一項各号に掲げる会社を当該各号のうち他の号に掲げる会社（同

（同条第七項に規定する子会社対象銀行等に限る。）に該当する子会社としたとき。

七～九　（略）

十　第二十六条第一項、第五十二条の十四第一項若しくは第五十二条の三十三第一項の規定に違反して改善計画の提出をせず、又は第二十六条第一項の規定による命令（業務の全部又は一部の停止の命令を除く。）若しくは第五十二条の十三、第五十二条の十四、第五十二条の十五第一項、第五十二条の三十三第一項若しくは第三項、第五十二条の五十五、第五十二条の六十一の十六若しくは第五十二条の六十一の二十八第一項の規定による命令に違反したとき。

十一　（略）

十一の二　第四十七条の二の規定に違反して同条に規定する額以上の資産を国内において保有しないとき。

十二～十三　（略）

十四　第五十二条の九第一項の規定による内閣総理大臣の認可を受けないで、同項各号に掲げる取引若しくは行為により銀行の主要株主基準値以上の数の議決権の保有者になつたとき、又は銀行の主要株主基準値以上の数の議決権の保有者である会社その他の法人を設立したとき。

十五　（略）

十六　第五十二条の九第四項の規定による命令に違反して銀行の主要株主基準値以上の数の議決権の保有者であつたとき、又は第五十二条の十五第二項の規定に違反して同項に規定する内閣総理大臣が指定する期間を超えて銀行の主要株主基準値以上の

条第七項に規定する子会社対象銀行等に限る。）に該当する子会社としたとき。

七～九　（略）

十　第二十六条第一項、第五十二条の十四第一項若しくは第五十二条の三十三第一項の規定に違反して改善計画の提出をせず、又は第二十六条第一項の規定による命令（業務の全部又は一部の停止の命令を除く。）若しくは第五十二条の十三、第五十二条の十四、第五十二条の十五第一項、第五十二条の三十三第一項若しくは第三項若しくは第五十二条の五十五の規定による命令に違反したとき。

十一　（略）

十一の二　第四十七条の二の規定に違反して、同条に規定する額以上の資産を国内において保有しないとき。

十二～十三　（略）

十四　第五十二条の九第一項の規定による内閣総理大臣の認可を受けないで、同項各号に掲げる取引若しくは行為により銀行の主要株主基準値以上の数の議決権の保有者になつたとき又は銀行の主要株主基準値以上の数の議決権の保有者である会社その他の法人を設立したとき。

十五　（略）

十六　第五十二条の九第四項の規定による命令に違反して銀行の主要株主基準値以上の数の議決権の保有者であつたとき又は第五十二条の十五第二項の規定に違反して同項に規定する内閣総理大臣が指定する期間を超えて銀行の主要株主基準値以上の数

改正後	改正前
数の議決権の保有者であつたとき。 十六の二　（略） 十七　第五十二条の二十三第六項の規定による内閣総理大臣の認可を受けないで同項に規定する子会社対象銀行等を子会社としたとき、若しくは同条第八項において準用する同条第六項の規定による内閣総理大臣の認可を受けないで同条第一項各号に掲げる会社を当該各号のうち他の号に掲げる会社（同条第六項に規定する子会社対象銀行等に限る。）に該当する子会社としたとき、又は第五十二条の二十三の二第六項において準用する同条第三項の規定による内閣総理大臣の認可を受けないで特例子会社対象会社を同項の認可に係る特例子会社対象業務以外の特例子会社対象業務を営む持株特定子会社としたとき。 十八　（略） 十九　第五十二条の四十九（第五十二条の二の十において準用する場合を含む。）若しくは第五十二条の六十一の十二の規定による帳簿書類の作成若しくは保存をせず、又は虚偽の帳簿書類を作成したとき。 二十・二十一　（略）	の議決権の保有者であつたとき。 十六の二　（略） 十七　第五十二条の二十三第六項の規定による内閣総理大臣の認可を受けないで同項に規定する子会社対象銀行等を子会社としたとき若しくは同条第八項において準用する同条第六項の規定による内閣総理大臣の認可を受けないで同条第一項各号に掲げる会社を当該各号のうち他の号に掲げる会社（同条第六項に規定する子会社対象銀行等に限る。）に該当する子会社としたとき又は第五十二条の二十三の二第六項において準用する同条第三項の規定による内閣総理大臣の認可を受けないで特例子会社対象会社を同項の認可に係る特例子会社対象業務以外の特例子会社対象業務を営む持株特定子会社としたとき。 十八　（略） 十九　第五十二条の四十九（第五十二条の二の十において準用する場合を含む。）の規定による帳簿書類の作成若しくは保存をせず、又は虚偽の帳簿書類を作成したとき。 二十・二十一　（略）

　本条では、登録申請事項の変更届出義務違反・虚偽届出又は業務開始等届出義務違反・虚偽届出を行った電子決済等代行業者（第4号）、業務改善命令違反を行った電子決済等代行業者及び認定電子決済等代行事業者協会（第10号）、帳簿書類作成・保存義務違反又は虚偽の帳簿書類作成を行った電子決済等代行業者（第19号）に対して、100万円以下の過料を科すこととしている。

102 第2部 逐条解説編

第66条の2 新設

改　正　後
第六十六条の二　正当な理由がないのに第五十二条の六十一の二十一第一項の規定による名簿の縦覧を拒んだ者は、五十万円以下の過料に処する。

　本条では、正当な理由がないのに、会員名簿の縦覧を拒んだ認定電子決済等代行事業者協会に対して、50万円以下の過料を科すこととしている。

第67条

改　正　後	改　正　前
第六十七条　次の各号のいずれかに該当する者は、十万円以下の過料に処する。 　一　第五十二条の六十一の二十一第二項の規定に違反してその名称中に認定電子決済等代行事業者協会と誤認されるおそれのある文字を使用した者 　二　第五十二条の七十七の規定に違反してその名称又は商号中に指定紛争解決機関と誤認されるおそれのある文字を使用した者	第六十七条　第五十二条の七十七の規定に違反してその名称又は商号中に、指定紛争解決機関と誤認されるおそれのある文字を使用した者は、十万円以下の過料に処する。

　本条では、第52条の61の21第2項の規定に違反して、認定電子決済等代行事業者協会でないにもかかわらず、名称中に、認定電子決済等代行事業者協会と誤認されるおそれのある文字を用いた者（第1号）に対して、10万円以下の過料を科すこととしている。

改正法附則 103

改正法附則

第1条（施行期日）

改　　正　　後
（施行期日） 第一条　この法律は、公布の日から起算して一年を超えない範囲内において政令で定める日から施行する。ただし、附則第十条、第十一条及び第二十条の規定は、公布の日から施行する。

　本条は、改正法の施行の日を、公布の日から起算して1年を超えない範囲内において政令で定める日とするものである。

　当該施行日については、改正法内の政令・内閣府令委任事項の策定や政令・内閣府令に係る意見公募手続に一定の期間を要することに加え、制度変更の周知・準備期間も必要であることを踏まえ、設定されたものである。

第2条（銀行法の一部改正に伴う経過措置）

改　　正　　後
（銀行法の一部改正に伴う経過措置） 第二条　この法律の施行の際現に電子決済等代行業（第一条の規定による改正後の銀行法（以下「新銀行法」という。）第二条第十七項に規定する電子決済等代行業をいう。以下同じ。）を営んでいる者は、この法律の施行の日（以下「施行日」という。）から起算して六月間（当該期間内に新銀行法第五十二条の六十一の五第一項の規定による登録の拒否の処分があったとき、又は次項の規定により読み替えて適用される新銀行法第五十二条の六十一の十七第一項の規定により電子決済等代行業の全部の廃止を命ぜられたときは、当該処分のあった日又は当該廃止を命ぜられた日までの間）は、新銀行法第五十二条の六十一の二の規定にかかわらず、当該電子決済等代行業を営むことができる。その者がその期間内に同条の登録の申請をした場合において、その期間を経過したときは、その申請について登録又は登録の拒否の処分があるまでの間も、同様とする。 2　前項の規定により電子決済等代行業を営むことができる場合においては、その者を電子決済等代行業者（新銀行法第二条第十八項に規定する電子決済等代行業者をいう。以下同じ。）とみなして、新銀行法（第五十二条の六十一の十及び第五十二条の六十一の十一を除く。）の規定を適用する。この場合において、新銀行法第五十二条の六十一の十七第一項中「第五十二条の六十一の二の登録を取り消し」とあるの

104 第2部 逐条解説編

は、「電子決済等代行業の全部の廃止を命じ」とするほか、必要な技術的読替えは、政令で定める。

3 前項の規定により読み替えて適用される新銀行法第五十二条の六十一の十七第一項の規定により電子決済等代行業の全部の廃止を命ぜられた場合における新銀行法の規定の適用については、当該廃止を命ぜられた者を同項の規定により新銀行法第五十二条の六十一の二の登録を取り消された者と、当該廃止を命ぜられた日を当該登録の取消しの日とみなす。

4 施行日から起算して二年を超えない範囲内において政令で定める日までにおける新銀行法第五十二条の六十一の十の規定の適用については、同条第一項中「は、第二条第十七項各号」とあるのは「（第二条第十七項第一号」と、「）を」とあるのは「以下この項において同じ。）を行うものに限る。以下この条及び次条において同じ。）は、同号に掲げる行為を」と、「それぞれ当該各号」とあるのは「同号」と、「電子決済等代行業に」とあるのは「電子決済等代行業（同号に掲げる行為を行うものに限る。以下この項及び次項並びに次条第二項において同じ。）に」とする。

5 この法律の施行の際現にその名称中に認定電子決済等代行事業者協会又は認定電子決済等代行事業者協会の会員であると誤認されるおそれのある文字を使用している者については、新銀行法第五十二条の六十一の二十一第二項及び第三項の規定は、施行日から起算して六月間は、適用しない。

(1) 第1項

本項は、銀行法の一部改正に伴う経過措置として、改正法の施行の際現に電子決済等代行業を行っている者は、施行日から6月間は、第52条の61の2の規定にかかわらず、当該業務を行うことができる旨及び登録が猶予される期間内に登録の申請をしたにもかかわらず、登録又は登録の拒否の処分がなされない者については、期間経過後、処分の結果が出るまでの間は引き続き業務を行うことができる旨を規定するものである。

今般の改正法においては、現状、何ら規制を受けていない事業者（電子決済等代行業者）に対して新たに登録制を導入し、銀行法上の義務を課すこととなるため、事業者における登録準備や当局における登録審査に一定の期間を要することが見込まれる。そこで、新たな規制業種を導入した先例（サーバ型前払式支払手段発行者や仮想通貨交換業者等）も踏まえ、「6ヶ月」の登録猶予期間を設けることとしたものである。

また、事業者が登録猶予期間内に登録申請を行ったものの、当庁の登録審査に時間を要し、登録又は登録拒否の処分を得ないまま、登録猶予期間

改正法附則　105

が経過することも考えられる。このため、登録猶予期間内に登録申請を行った者は、当該期間経過後、登録又は登録拒否の処分があるまでの間は、引き続き業務が継続できることとしている。

(2)　第2項

本項は、前項の規定により登録を受けずに電子決済等代行業を行うことができる場合に、その者を電子決済等代行業者とみなして、本法の規定（ただし、第52条の61の10及び第52条の61の11を除く）を適用する旨規定するものである。

また、電子決済等代行業者とみなされる者は無登録であることを踏まえ、「登録の取消し」を「電子決済等代行業の廃止を命じ」とするほか、技術的な読み替えを政令で定める旨規定している。

前項によって登録が猶予される事業者についても、業務の適切性を確保する必要性は登録業者と変わるところがない。そこで、他の金融庁所管業者の例と同様に、登録猶予期間中に業務を行う者を「みなし電子決済等代行業者」として銀行法上の規制を適用することとしている。

ただし、本則52条の61の10第2項各号所定の要件を満たす、銀行との間の契約の締結については、登録同様、一定の期間を要すると考えられ、また、銀行も将来的に登録が取得できるとは限らないみなし電子決済等代行業者との契約に応じないとの判断をすることが考えられることから、本則52条の61の10（銀行との契約締結義務等）の規定については、みなし電子決済等代行業者との関係では適用しないこととしている。また、これに伴い、本則52条の61の11（銀行による基準の作成等）についても、みなし電子決済等代行業者との関係では適用しないこととしている。

(3)　第3項

本項は、登録猶予期間中に命ぜられた業務の廃止について、新銀行法の適用にあたっては電子決済等代行業の登録が取り消されたものとみなす旨規定するものである。これにより、当該者は、5年間、電子決済等代行業者の欠格要件に該当することとなる。

⑷ 第4項

本項は、電子決済等代行業のうち、本則第2条第17項第2号に掲げる行為を行うものについては、この法律の施行の日から2年を超えない範囲において政令で定める日までの間、本則第52条の61の10の規定の適用を猶予する旨規定するものである。

本則第2条第17項第2号に掲げる行為については、既に、スクレイピングにより、銀行と契約を締結しないまま、家計簿アプリサービス等を提供している事業者が存在している。こうしたサービスは、多数の銀行の口座情報を家計簿アプリで一元的に管理できる点に利便性があり、現に、こうしたサービスを提供する事業者は、多くの銀行を含む多数の金融機関から口座情報の取得を行っている。

本則第52条の61の10では、電子決済等代行業者は、銀行と契約を締結した上で、電子決済等代行業を行うこととしているが、以下の点を踏まえると、本則第2条第17項第2号に掲げる行為を行う事業者について、本条第1項・第2項で定められたように、施行日から半年後の日から本則第52条の61の10が適用されることとした場合、現に存在している家計簿アプリサービス等を提供する事業者がサービス提供を継続することが困難となり、利用者利便が損なわれる可能性がある。

① 契約の相手方となる金融機関の数が多いこと

② 実際上既に金融機関との間で契約を締結して業務を行っている第2条第17項第1号に掲げる行為を行なう業者に比して、ゼロからの交渉となるため契約の締結に困難が予想されること

③ 金融機関側としては、附則第11条において施行の日から2年を超えない範囲で政令で定める日までの移行期間が設けられたオープンAPIの、自社における導入の状況を踏まえての契約締結を望むと考えられること

そのため、本則第2条第17項第2号に掲げる行為については、この法律の施行の日から2年を超えない範囲で政令で定める日までの間は、本則第52条の61の10の契約締結義務を猶予することとし、同条の規定の適用は本則第2条第17項第1号に掲げる行為に限定している。なお「2年」の期

間（法律の公布から起算するとおよそ3年の期間）は電子決済等代行業者及び関係金融機関等のヒアリングを踏まえた上で、不測の事態によって上記の利用者利便が損なわれることがないよう、やや長めの期間を置いているものである。

(5) 第5項

本項は、第52条の61の21第2項及び第3項において、名称に、認定電子決済等代行業事業者協会及び同協会の会員であると誤認されるおそれのある文字を使用することを制限しているところ、法律の施行の際、現にその名称中にこれらと誤認されるおそれのある文字を用いている者については、当該制限の適用を6ヶ月間猶予する旨規定するものである。

第10条（銀行等による方針の決定等）

改　正　後
（銀行等による方針の決定等） 第十条　銀行等（銀行、農業協同組合法第十条第一項第三号の事業を行う農業協同組合及び農業協同組合連合会、水産業協同組合法第十一条第一項第四号の事業を行う漁業協同組合、同法第八十七条第一項第四号の事業を行う漁業協同組合連合会、同法第九十三条第一項第二号の事業を行う水産加工業協同組合、同法第九十七条第一項第二号の事業を行う水産加工業協同組合連合会、信用協同組合、中小企業等協同組合法第九条の九第一項第一号の事業を行う協同組合連合会、信用金庫、信用金庫連合会、労働金庫、労働金庫連合会、農林中央金庫並びに株式会社商工組合中央金庫をいう。以下同じ。）は、公布の日から起算して九月を経過する日までに、主務省令で定めるところにより、電子決済等代行業者等（電子決済等代行業者、新農業協同組合法第九十二条の五の三第一項に規定する特定信用事業電子決済等代行業者、新水産業協同組合法第百二十一条の五の三第一項に規定する特定信用事業電子決済等代行業者、信用協同組合電子決済等代行業者、信用金庫電子決済等代行業者、労働金庫電子決済等代行業者、農林中央金庫電子決済等代行業者及び商工組合中央金庫電子決済等代行業者をいう。以下同じ。）との連携及び協働に係る方針を決定し、これを公表しなければならない。 2　前項に規定する主務省令は、次の各号に掲げる銀行等の区分に従い、当該各号に定める者の発する命令とする。 　一　銀行　内閣総理大臣 　二　農業協同組合法第十条第一項第三号の事業を行う農業協同組

108　第2部　逐条解説編

> 　合連合会　農林水産大臣及び内閣総理大臣
> 三　水産業協同組合法第十一条第一項第四号の事業を行う漁業協同組合、同法第八
> 　十七条第一項第四号の事業を行う漁業協同組合連合会、同法第九十三条第一項第
> 　二号の事業を行う水産加工業協同組合及び同法第九十七条第一項第二号の事業を
> 　行う水産加工業協同組合連合会　農林水産大臣及び内閣総理大臣
> 四　信用協同組合及び中小企業等協同組合法第九条の九第一項第一号の事業を行う
> 　協同組合連合会　内閣総理大臣
> 五　信用金庫及び信用金庫連合会　内閣総理大臣
> 六　労働金庫及び労働金庫連合会　内閣総理大臣及び厚生労働大臣
> 七　農林中央金庫　農林水産大臣及び内閣総理大臣
> 八　株式会社商工組合中央金庫　経済産業大臣、財務大臣及び内閣総理大臣

(1)　第1項

　本項は、銀行等に対し、本法の交付の日から9ヶ月以内に、オープン
APIへの取組みに関する方針等、電子決済等代行業者との連携・協働に関
する方針を決定し、これを公表する旨の努力義務を課すものである。

　本改正においては、電子決済等代行業者に係る法制を整備することによ
り、単に利用者保護の観点から電子決済等代行業者を規制の対象に加える
のみならず、電子決済等代行業者に一定の法的な地位を与えること等によ
り、法制上電子決済等代行業者との連携・協働を促進することをその目的
としている。

　その際、銀行等と電子決済等代行業者との接続の方法については、「API」
を利用した方法が、利用者のセキュリティを確保しつつ、電子決済等代行
業者が銀行システムにアクセスして様々なフィンテックに関連したサービ
スを提供することを可能とする技術となっており、オープン・イノベーショ
ンの1つの核になる技術として考えられる。

　特に、我が国において、フィンテックの動きを利用者利便の向上等につ
なげていくといった観点に立った場合、各銀行等においてAPIの導入が
広く進むとともに、それが、適格性や情報管理能力等の面で問題がある事
業者以外の業者に広く開放されることが重要であると考えられる。

　しかし、現時点においては、電子決済等代行業者が、スクレイピングと
いう方式で銀行等と接続する場合が多く、これにはセキュリティ上の問題

等が指摘されているが、他方で、これを一律に禁止することは、以下のとおり、過剰な規制となるおそれがある。

・利用者が、当該サービスがスクレイピングによるものであることを認識した上で、それでもなお、自らのインターネットバンキングのID・パスワードを電子決済等代行業者に提供し、そのサービスを利用しようとする場合にまでこれを禁止するのは、過剰にパターナリスティックな規制となる。

・電子決済等代行業者に対し登録制を導入し、一定の体制整備義務や情報の安全管理義務等を課すことによっても利用者保護を確保することができる。

・加えて、電子決済等代行業者と銀行との間に契約が存在し、銀行がスクレイピングによる接続を認識・許容しているのであれば、銀行が予期せぬアクセスによって銀行システムに過剰な負担が生ずることも考え難い。

また、本来、各銀行等の経営戦略は区々であってしかるべきであり、そもそもスクレイピングやオープンAPIといった接続の方法の別を問わず、電子決済等代行業者との連携及び協働について否定的な捉え方をする選択肢も完全に否定することはできないところであり、オープン・イノベーションに対する最終的な判断は各銀行等に委ねられることになる。

もっとも、その判断によっては利用者の利便性・安全性が損なわれ、また電子決済等代行業者から見れば、当該銀行等との間でのビジネスモデルの変更に繋がるものであり、その影響は大きいことから、本項では、銀行等に対し、改正法の公布日から9ヶ月を経過する日までに、オープンAPIの導入の有無を含め、電子決済等代行業者との連携及び協働に関する方針を決定した上で、これを公表する義務を課すこととしている。具体的内容については、各主務省令で定めることとしている。

(2) 第2項

前項に規定する主務省令については、各号に掲げる銀行等の区分に従い、当該各号に定める者の発する命令とすることを定めている。

第11条（銀行等の努力義務）

改　　正　　後
（銀行等の努力義務） 第十一条　電子決済等代行業者等との間で新銀行法第五十二条の六十一の十第一項、新農業協同組合法第九十二条の五の三第一項、新水産業協同組合法第百二十一条の五の三第一項、新協同組合金融事業法第六条の五の三第一項、新協同組合金融事業法第六条の五の五第一項、新信用金庫法第八十五条の五第一項、新信用金庫法第八十五条の七第一項、新労働金庫法第八十九条の六第一項、新労働金庫法第八十九条の八第一項、新農林中央金庫法第九十五条の五の三第一項、新農林中央金庫法第九十五条の五の五第一項又は新商工組合中央金庫法第六十条の十二第一項の契約を締結しようとする銀行等は、附則第二条第四項に規定する政令で定める日までに、当該電子決済等代行業者等が、その営む電子決済等代行業等（電子決済等代行業、新農業協同組合法第九十二条の五の二第二項に規定する特定信用事業電子決済等代行業、新水産業協同組合法第百二十一条の五の二第二項に規定する特定信用事業電子決済等代行業、信用協同組合電子決済等代行業、信用金庫電子決済等代行業、労働金庫電子決済等代行業、農林中央金庫電子決済等代行業又は商工組合中央金庫電子決済等代行業をいう。以下同じ。）の利用者から当該利用者に係る識別符号等を取得することなく当該銀行等に係る電子決済等代行業等を営むことができるよう、体制の整備に努めなければならない。 2　前項に規定する「識別符号等」とは、銀行等が、電子情報処理組織を利用して行う役務の提供に際し、その役務の提供を受ける者を他の者と区別して識別するために用いる符号その他の情報をいう。

(1) 第1項

　本項は、電子決済等代行業者との間で連携・協働等を行おうとする銀行等に対して、本法律の施行の日から2年を超えない範囲において政令で定める日までに、オープンAPIの導入に係る体制の整備を行う旨の努力義務を課すものである。

　銀行等によるオープンAPIの導入は電子決済等代行業者が銀行システムにアクセスして様々なフィンテックに関連したサービスを提供することを可能とする技術であり、オープン・イノベーションの1つの核になる技術である。

　もっとも、各行ごとにAPIの導入時期が異なる等の場合には、電子決済等代行業者が重い対応コストを負担することになりかねないことから、本

項においては、オープン API への移行を促し、かつ一種の集中移行期間を設ける趣旨で、電子決済等代行業者との取引を志向する銀行について、施行の日から 2 年を超えない範囲において政令で定める日までにオープン API の導入に努めるよう求めることとしている。

本項の「利用者から当該利用者に係る識別符号等を取得することなく当該銀行等に係る当該銀行等に係る電子決済等代行業等を営むことができるよう、体制の整備」とは、オープン API の導入に向けた体制の整備を念頭に置いている。

なお、本則第 2 条第 17 項第 2 号に掲げる行為を行なう事業者について、現在、銀行等との間の契約を締結せずにスクレイピングによってサービスが提供されている現状を踏まえ、附則第 2 条第 4 項において銀行等との契約締結義務について猶予期間を設けているが、当該猶予期間経過後も接続先の銀行等がオープン API の導入を完了していない場合には、(当該銀行がスクレイピングによる接続を許容する旨の契約の締結に応じない限り)、利用者に対するサービスを継続できないということにもなりかねないことから、本項による猶予期間と附則第 2 条第 4 項の猶予期間を同日としている。

(2) 第 2 項

本項では、前項に規定する「識別符号等」を定義している。主として、インターネットバンキングにログインするための ID やパスワードが想定されている。

第 20 条 (その他の経過措置の政令への委任)

改　正　後
(その他の経過措置の政令への委任) 第二十条　附則第二条から第九条までに定めるもののほか、この法律の施行に関し必要な経過措置(罰則に関する経過措置を含む。)は、政令で定める。

本条では、この法律の施行に関してその他必要な経過措置について、政令に委任する旨を規定することとしている。

具体的には、法律の施行前であっても、電子決済等代行業の登録申請を

112　第2部　逐条解説編

行うことができる旨などを規定することが想定されている。

第3部

参考資料

金融審議会

金融制度ワーキング・グループ

報告
— オープン・イノベーションに向けた制度整備について —

平成 28 年 12 月 27 日

目次

はじめに‥‥‥‥‥‥‥‥‥‥‥‥‥‥‥‥‥‥‥‥‥‥‥‥‥‥‥‥‥‥‥‥‥‥‥‥‥ 1

第1章 FinTechの進展と対応の方向性‥‥‥‥‥‥‥‥‥‥‥‥‥‥‥‥‥‥ 2

1．FinTechの進展等‥‥‥‥‥‥‥‥‥‥‥‥‥‥‥‥‥‥‥‥‥‥‥‥‥‥‥‥ 2

2．対応の基本的方向性‥‥‥‥‥‥‥‥‥‥‥‥‥‥‥‥‥‥‥‥‥‥‥‥‥‥‥ 3

第2章 オープン・イノベーションに向けた環境整備‥‥‥‥‥‥‥‥‥‥‥‥ 3

1．電子決済等代行業者を巡る状況等‥‥‥‥‥‥‥‥‥‥‥‥‥‥‥‥‥‥‥‥ 3

2．オープン・イノベーションの観点からの課題等‥‥‥‥‥‥‥‥‥‥‥‥‥ 4

　（1）オープンAPIを巡る状況等‥‥‥‥‥‥‥‥‥‥‥‥‥‥‥‥‥‥‥‥‥ 4

　（2）オープン・イノベーションの観点からの課題等‥‥‥‥‥‥‥‥‥‥‥ 5

3．オープン・イノベーションに向けた環境整備‥‥‥‥‥‥‥‥‥‥‥‥‥‥ 6

　（1）海外における状況等‥‥‥‥‥‥‥‥‥‥‥‥‥‥‥‥‥‥‥‥‥‥‥‥ 6

　（2）オープン・イノベーションに向けた制度的枠組みの整備‥‥‥‥‥‥ 7

　（3）その他の環境整備等‥‥‥‥‥‥‥‥‥‥‥‥‥‥‥‥‥‥‥‥‥‥‥‥ 9

4．銀行代理業者規制の取扱い‥‥‥‥‥‥‥‥‥‥‥‥‥‥‥‥‥‥‥‥‥‥‥ 10

　（1）銀行代理業制度の概要等‥‥‥‥‥‥‥‥‥‥‥‥‥‥‥‥‥‥‥‥‥ 10

　（2）電子決済等代行業者をめぐる銀行代理業制度上の課題等‥‥‥‥‥ 10

おわりに‥‥‥‥‥‥‥‥‥‥‥‥‥‥‥‥‥‥‥‥‥‥‥‥‥‥‥‥‥‥‥‥‥‥ 12

「金融制度ワーキング・グループ」メンバー名簿

平成 28 年 12 月 27 日現在

座　　長	岩原	紳作	早稲田大学大学院法務研究科教授 東京大学名誉教授
メンバー	岩倉	正純	ユーシーカード株式会社経営企画部　部長
	翁	百合	株式会社日本総合研究所副理事長
	加毛	明	東京大学大学院法学政治学研究科准教授
	神作	裕之	東京大学大学院法学政治学研究科教授
	古閑	由佳	ヤフー株式会社決済金融カンパニー金融事業本部長
	関	聡司	楽天株式会社執行役員渉外室ジェネラルマネージャー
	田村	直樹	株式会社三井住友銀行常務執行役員
	長楽	高志	一般社団法人日本資金決済業協会専務理事
	永沢	裕美子	Foster Forum　良質な金融商品を育てる会事務局長
	福田	慎一	東京大学大学院経済学研究科教授
	舩津	浩司	同志社大学法学部教授
	松井	秀征	立教大学法学部法学科教授
	森下	哲朗	上智大学法科大学院教授
	與口	真三	一般社団法人日本クレジット協会理事　事務局長
オブザーバー	竹林	俊憲	法務省民事局参事官
	日置	重人	財務省大臣官房信用機構課長
	林	新一郎	日本銀行金融機構局審議役

（敬称略・五十音順）

※ 本ワーキング・グループにおいては、上記メンバーに加え、以下のような関係者を招き、
　 意見交換を実施した。

○ 第3回　　中山　知章　　株式会社三井住友銀行 IT イノベーション推進部長
（平成28年10月28日）

○ 第4回　　瀧　　俊雄　　株式会社マネーフォワード取締役Fintech研究所長
（平成28年12月8日）　佐々木大輔　　フリー株式会社代表取締役

（敬称略）

118　第3部　参考資料

はじめに

　FinTech の進展等、最近の金融をめぐる環境変化への対応については、平成 27 年、金融審議会の金融グループを巡る制度のあり方に関するワーキング・グループ（金融グループ WG）及び決済業務等の高度化に関するワーキング・グループ（決済 WG）において審議が行われ、これらのワーキング・グループの報告を踏まえ、法制面での対応については、銀行法等の改正が行われた。また、決済高度化に向けては、決済 WG での報告を踏まえ策定されたアクション・プランに基づき、関係者において取組みが進められている。

　これらワーキング・グループの報告以降も、FinTech の動きは、我が国国内も含め、より一層の進展を見せている。また、ワーキング・グループの報告では、継続的な検討課題として、決済業務に係る横断的法制の整備等が挙げられている。さらに、今後、FinTech の進展等に対応して、制度面での対応について機動的に検討をしていく必要もある。こうした状況を踏まえ、金融審議会に、新たに、金融制度ワーキング・グループが設置され、これまで 5 回にわたり、関係者からのヒアリングも行いつつ、決済関連法制の整備等について、審議を行った。

　本ワーキング・グループにおいては、今後も決済関連法制その他の金融制度に関する審議を継続していくが、本報告書は、オープン・イノベーションに関連して、とりわけ早期の対応が求められる電子決済等代行業者の取扱い等について、本ワーキング・グループにおける審議結果をとりまとめたものである。

1

第1章　FinTech[1]の進展と対応の方向性

1．FinTech の進展等

　FinTech の動きが世界的規模で進展し、金融業に大きな変革をもたらしつつある。こうした FinTech の動きについては、単なる金融サービスの IT 化に留まらず、金融取引の仕組みを変革し[2]、さらには、金融サービスを提供する構造あるいはエコシステム自体を変えていく可能性が高いことが指摘されている。

　このことは、金融機関の業務の将来像にも強い影響を及ぼしている。欧米の主要な金融機関では、近時の環境変化が危機感を持って捉えられ、FinTech の動きに戦略的に対応する動きが活発化している。我が国の金融機関においても、IT 技術の取り込みにとどまらず、環境変化に適応したビジネスモデルの構築も含め、機動的な対応を進めていくことが重要な課題となっている。

　同時に、近時の FinTech による金融サービスのイノベーションが、主に、IT 企業をはじめとするノンバンク・プレーヤーにより牽引されていることに鑑みれば、金融機関のみならず多様なプレーヤーが参加する中で、利用者保護等を確保しつつ機動的に金融サービスのイノベーションが図られるようにすることが求められている。

　こうした金融サービスをめぐる構造的変化の中にあって、特に進んだ展開が示されている分野の一つが、決済関連サービスの分野となっている。例えば、FinTech の進展に伴い、ノンバンク・プレーヤーが、従来金融機関が担ってきた業務を分化させつつサービスとして提供する「アンバンドリング化[3]」が進んでいるが、そうした構造的変化は、特に、決済関連サービス分野において顕著となっている[4]。

---

[1] FinTech とは、主に、IT を活用した革新的な金融サービス事業を指す、金融（Finance）と技術（Technology）を掛け合わせた造語である。特に、近年は、海外を中心に、IT ベンチャー企業が、IT を武器に、伝統的な金融機関が提供していない金融サービスを提供する動きが活発化している。

[2] FinTech の動きにおいては、単なる金融サービスの IT 化に留まらず、例えば、ブロックチェーン技術の活用等による金融取引の仕組みの変革や、AI（人工知能）・ビッグデータ等、従来見られなかった IT 関連技術の取込みが見られる。

[3] アンバンドリングとは、一般的には、複数の要素や機能が束ねられることによって構成されている商品やサービスを個々の要素や機能に分解することをいう。

[4] 例えば、海外では、電子商取引市場の運営業者が決済や取引に関する情報を活用し、グループ内の関連企業や銀行を通じて、電子商取引市場の参加者に融資を行うサービスも登場しているほか、中国の大手 IT 関連企業のように、決済を軸として、融資のみならず預金受入れに相当するような業務を展開しているケースも登場している。

2

120　第3部　参考資料

2．対応の基本的方向性

このように、IT の進展等に伴い、金融サービスをめぐる環境が変化する中にあっては、利用者保護や不正の防止、システムの安定性等を適切に確保しつつ、FinTech によるイノベーションを通じ、利用者利便や企業の生産性向上、ひいては、我が国金融・経済の発展が図られるようにしていくことを目指すべきである。

そのための対応を考えるに際しては、我が国の金融業等をめぐる状況を踏まえることが重要である。例えば、IT の進展等への対応については欧米の金融機関の取組みが先行しているとの指摘もある一方、我が国では、銀行システムによるネットワークが高度に発達し、また、電子マネー等の様々な IT 関連の決済サービスが登場する中でも、そのファイナリティ付与には銀行預金の決済機能が広く利用されている。

こうしたことに鑑みれば、我が国において、FinTech の進展等の環境変化に対応していくためには、金融機関と FinTech 企業とのオープン・イノベーション（外部との連携・協働による革新）を進めていくことが重要であると考えられる。そうした中で、例えば、銀行のネットワークを活かして、FinTech 企業の先進的なアイデアや技術を、実際の金融サービスへとつなげていくことなどが考えられる。また、その際には、FinTech の動きを利用者利便や企業の生産性向上等につなげていく観点から、特に、顧客の視点に立脚したイノベーションが重要な課題となる。

第2章　オープン・イノベーションに向けた環境整備

1．電子決済等代行業者を巡る状況等

上記の点を踏まえ、我が国における FinTech への対応の方向性として、顧客が抱える課題やニーズを出発点に、単なる金融サービスの IT 化にとどまらず、より高い付加価値を提供するとの方向性を考えた場合、決済関連分野において、近年、金融機関と顧客との間に立ち、顧客からの委託を受けて、IT を活用した決済指図の伝達や金融機関における口座情報の取得・顧客への提供を業として行う者（以下、電子決済等代行業者又は業者という。）が登場・拡大していることが注目される[5]。

これらの業者は、顧客とのインターフェイス（接点）を確保しつつ[6]金融機関とも

---

[5]　例えば、大手2社の利用者数は、延べ約 1,000 万人となっている（出典：当社ウェブサイト）。

[6]　金融機関の窓口の利用頻度については、8割以上の利用者が3か月に1回以下となっている（出典：富士通総研「店舗の役割と今後の顧客経験向上に向けた示唆－個人向けアンケート調査より－」）。これに対し、大手の口座情報サービス提供会社の例においては、約7割の利用者が2～3日に1回以上、口座

3

接続することで、IT の進展等を活用した多様なサービス展開の可能性を有しており、FinTech を利用者利便の向上等につなげる動きの 1 つの核となることが考えられる。

　他方、現行の銀行法では、銀行の委託を受けて、預金・融資・為替に関する契約の締結の代理・媒介を行う者は銀行代理業の対象、銀行の委託を受けて、その他の行為を行う者は銀行の外部委託先として銀行による委託先管理義務の対象とされているが[7]、銀行等と顧客との間で、顧客から委託を受けて、決済・預金・融資に関して仲介を行う者については、そうした制度的枠組みは存在しない。

2．オープン・イノベーションの観点からの課題等

（1）オープン API を巡る状況等

　IT を活用しつつ金融機関と FinTech 企業が、安心・安全を確保しつつ、機動的・戦略的なオープン・イノベーションを進めていくためには、金融機関と電子決済等代行業者との接続の方法が重要となるが、それについては、API[8] を利用した方法が、利用者のセキュリティを確保しつつ、電子決済等代行業者が銀行システムにアクセスして様々な FinTech に関連したサービスを提供することを可能とする技術となっており、オープン・イノベーションの 1 つの核になる技術として考えられる。

　特に、我が国において、FinTech の動きを利用者利便の向上等につなげていくといった観点に立った場合、各金融機関において API の導入が広く進むとともに、それが、外部企業との連携・協働（オープン・イノベーション）の下で、適格性や情報管理能力等の面で問題がある業者以外の業者に広く開放されること（オープン API）が重要であると考えられる。

　他方、我が国におけるオープン API をめぐる状況については、以下のような点が指摘されている。

情報提供アプリを利用している。
[7] 銀行法第 2 条第 14 項、第 12 条の 2 第 2 項
[8] ここにおいて、API（Application Programming Interface）とは、銀行以外の者が銀行のシステムに接続し、その機能を利用することができるようにするためのプログラムを指し、このうち、銀行が FinTech 企業等に API を提供し、顧客の同意に基づいて、銀行システムへのアクセスを許諾することを「オープン API」という。オープン API は、外部企業との安全なデータ連携を可能とする技術であり、オープン・イノベーションを実現していくためのキーテクノロジーの一つとの指摘がある。このため、金融審議会・決済 WG の報告を踏まえ、平成 28 年 10 月、全国銀行協会において、金融機関や FinTech 企業等が参加する「オープン API のあり方に関する検討会」が立ち上げられ、関係者間において、セキュリティ原則や標準仕様等についての検討が進められている。

122 第3部 参考資料

- オープン API を実施している金融機関は少数に留まっており[9]、また、オープン API を実施している金融機関においても、必ずしも API を電子決済等代行業者に対し広く開放するには至っておらず、普及・拡大を進めていく必要がある。

- 電子決済等代行業者においても、そもそも多くの業者が、金融機関の連携・協働先として認知されていない、金融機関において認知されている業者であっても、オープン API により接続できる金融機関は限られている状況にある。

- このため、多くの電子決済等代行業者が、顧客から預かったパスワード等を使って、金融機関との間で契約締結等の明確な法的関係を構築することなく、銀行システムにアクセスする「スクレイピング[10]」による方法で、サービスを提供する状態が解消されていない。

（2）オープン・イノベーションの観点からの課題等

　我が国において、利用者保護等を確保しつつ、オープン・イノベーションの下で、FinTech 企業が機動的にビジネスを展開し、また、金融機関が戦略的に IT の進展を取り込んでいくという観点に立った場合、上記のような状況については、以下のような課題があるのではないかと考えられる。

- 利用者において、サービスの利用にあたり、銀行口座に関するパスワードといった重要な認証情報を業者に取得・保有させることとなることについて、顧客情報の漏洩、認証情報を悪用した不正送金等、セキュリティ上の問題が生じないかとの不安が生じている。特に、電子決済等代行業者を巡る法的な取扱いが不明確であり、利用者保護上、十分な対応が取られているか不安を指摘する声がある。

- 電子決済等代行業者による決済指図の不正な伝達等による決済リスク、あるいは、電子決済等代行業者からのアクセスの増大に伴う銀行システムへの過剰な負担の可能性など、決済・銀行システムの安定性に影響を与えている。

- 「スクレイピング」によることにより、業者のコストが API による場合に比して増大する場合もあり[11]、結果として社会全体のコストを増大させている[12]。

---

[9] API を活用し FinTech 企業と連携したサービス提供を行っている銀行は一桁程度にとどまっているとの指摘がある。

[10] スクレイピング（scraping）とは、一般に、ウェブページの HTML データを解析し、データの抽出や加工を施す方法により、必要なデータを収集する手法。

[11] 例えば、本ワーキング・グループにおいて、スクレイピングは、一般の利用者がウェブサイトにアク

5

3. オープン・イノベーションに向けた環境整備

（1）海外における状況等

　　米国においては、現時点では、法制による利用者保護やオープンAPIの活用等を通じたオープン・イノベーションの推進のための措置は講じられていない[13]。他方、欧州（EU）においては、決済の安全性・安定性の向上や利用者保護等の観点から、決済サービス指令（PSD：Payment Services Directive）を改正（PSD2[14]：Revised Payment Services Directive）し、概要以下の制度整備を行っている。

- 概要以下の規制の枠組みを新たに整備。

	決済指図伝達サービス提供者（PISP[15]）	口座情報サービス提供者（AISP[16]）
業務内容	利用者の依頼による決済指図の伝達	利用者への口座情報の提供等
免許・登録	免許制（Authorisation）[17]	登録制（Registration）[18]

セスするのと同様の形で情報を取得するという仕組みであるため、銀行側のウェブサイトに変更があると、事業者側は、変更の都度それを捕捉してソフトウエアを更新する作業が必要になるとの指摘があった。

[12] また、例えば、金融庁のFinTechサポートデスクに「APIを公開した金融機関と連携したサービスの提供等を検討しているが、現行の法制度に必ずしも適合する枠組みが無いことが、銀行との連携・協働等の妨げとなり、円滑なサービス展開等の障害となっている。」との指摘が寄せられるなど、適切な法的枠組みが整備されていないことが、オープン・イノベーションの妨げになっているとの声がある。

[13] 米国では、業者が不特定多数の金融機関に対してスクレイピングを行っている例があり、そうした状況において、例えば、平成27年11月、大手銀行が、顧客情報の保護等を理由に、スクレイピングを用いてサービスを提供する中間的業者のアクセスを一時的に遮断するというトラブル事例が報道されている（出典：平成27年11月9日 Wall Street Journal）。こうした状況も踏まえ、平成28年11月、CFPB（Consumer Financial Protection Bureau: 消費者金融保護局）は、規制の検討も視野に、消費者のデジタル化された金融情報へのアクセスのあり方が安全性や利用者利便の観点から重要な課題であるとして、それらについての調査を発表している。その際、CFPBは、特に、消費者が中間的業者に認証情報を与えることは、利用者の資産や銀行との関係を危機にさらすおそれがあるとの指摘を踏まえ、金融情報が安全に活用されることを担保するための手段について調査することを公表した（出典：平成28年11月17日 CFPBプレスリリース）。

[14] 採択は平成27年11月、EU加盟国による法制化の期限は平成30年1月。

[15] 決済指図伝達サービス提供者（PISP）：利用者の依頼により、他の決済サービス提供者（銀行、電子マネー事業者、決済サービス事業者）に開設されている利用者の決済口座に係る決済指図を伝達するサービス（PSD2第4条第15項）。

[16] 口座情報サービス提供者（AISP）：利用者が、他の決済サービス提供者（銀行、電子マネー事業者、決済サービス事業者）に開設されている1つ又は複数の決済口座の情報を統合して提供するオンラインサービス（PSD2第4条第16項）。

[17] PSD2第11条第1項

[18] PSD2第14条第1項

財務要件	資本金5万ユーロ以上[19]	なし
資産保全	なし ※ 利用者からの資金預り禁止[20] ※ 責任保険への加入義務あり[21]	なし ※ 責任保険への加入義務あり[22]

- また、これに関連して、以下のような制度的手当てを図っている。
  - 無権限取引や決済の実行に瑕疵があった場合の決済指図伝達サービス提供者 (PISP)・口座情報サービス提供者(AISP)と銀行等の損失分担ルール[23]

  - 例えば、以下のような、オープンAPIの取組みと整合的な規定の整備
    - 不正取引等の場合に、金融機関はPISP・AISPからのアクセスを拒否できるとしつつ、そうした場合以外では、金融機関にPISP・AISP経由の決済指図の受諾義務[24]
    - 金融機関によるPISP・AISP経由の決済指図の差別的な取扱いを禁止[25]
    - 通信をEBA(European Banking Authority:欧州銀行監督機構)が規定する安全な方法[26]で行わなければならないこと[27]

（2）オープン・イノベーションに向けた制度的枠組みの整備

　　これら海外の例も参考としつつ、上述の課題等を踏まえれば、我が国において、利用者保護を図りながら、オープン・イノベーションを関係者において健全かつ適切に進めていくことができるようにするための制度的な枠組みとして、以下のような法制を整備することが考えられる。

- 電子決済等代行業者[28]に登録制を導入し、当該業者が顧客から資金を預かること

---

[19] PSD2 第7条(b)

[20] PSD2 第66条第3項(a)

[21] PSD2 第5条第2項

[22] PSD2 第5条第3項

[23] PSD2 第73条第2項、第90条第1項・第2項

[24] PSD2 第68条第5項

[25] PSD2 第66条第4項(c)、第67条第3項(b)

[26] 平成28年12月27日現在、公表されているEBAのドラフトでは、決済口座サービス提供者(銀行等)は、PISP等による通信が可能となるよう、ISO20022(送金業務、証券取引業務等の様々な金融業務で利用される通信メッセージを標準化するための国際規格)を充たす少なくとも1つの通信インターフェースを提供し、その仕様を公開しなければならないとしており、事実上、情報セキュリティの観点から、APIのオープン化などが求められている。

[27] PSD2 第66条第3項(d)・第4項(a)、第67条第2項(c)・第3項(a)

[28] 例えば、家賃や公共料金等の口座振替を代行する業者など、口座振替契約に基づき定期的に特定の口座のみに振替を行っている業者については、情報セキュリティ上のリスクが相対的に少ないと見込まれること等から、適切な要件を定めた上で、登録制の対象としない方向で整理することが検討されるべきである。

がないことに留意しつつ[29]、例えば、以下を求める。
- 適正な人的構成（欠格事由等）
- 必要に応じた財務要件
- 情報の適切な管理
- 業務管理体制の整備等

- 電子決済等代行業者が、金融機関と接続して顧客に対して電子決済等代行業サービスを提供する場合には、金融機関との契約締結を求める。なお、例えば、決済指図の伝達は行わず、口座情報の取得・顧客への提供のみを行う者については、金融機関がオープンAPIを導入するために必要な期間を勘案し、一定期間、契約締結を猶予する。

- こうしたオープン・イノベーションの取組みに参加しようとする金融機関においては、一定期間内に、オープンAPIに対応できる体制の整備に努めることとする。

- 金融機関は、小規模業者等の接続を合理的理由なく拒否しないよう、契約締結の可否に係る判断の基準を策定・公表し、当該基準を満たす業者とは、原則として、契約を締結することとする。

  （注）なお、利用者において、複数の金融機関をまたがる決済指図や口座情報の取得等を行いたいとのニーズがあるため、電子決済等代行業サービスにおいては、多数の金融機関のシステムにアクセスする場合がある[30]。こうした状況を踏まえれば、電子決済等代行業者と金融機関との契約締結については、過度な事務負担とならないよう、適切な対応が図られる必要があると考えられる[31]。

- 金融機関は、オープン・イノベーションの観点を踏まえたオープンAPIの導入に関する方針及び（オープンAPIを導入した場合には）業者との間で締結する契約において顧客に生じた損失の分担を定め、公表することとする[32]。

---

[29] 資金移動業者については、登録制の下、財務要件として、業務の確実な遂行に必要な財産的基礎が求められており、また、未達債務の全額の保全義務、利用者保護の措置（銀行との誤認防止、利用者への情報提供等）を講じる義務、情報の安全管理義務等が課されている。

[30] 例えば、大手業者の場合、約1,500の金融機関等のシステムにアクセスしている例がある。

[31] 例えば、協同組織金融機関については、中央機関の子会社が共同システムを運営していることを踏まえ、個別金融機関の同意を前提に中央機関が代表し契約を締結することを可能とすることが適当と考えられる。また、例えば、先述の「オープンAPIのあり方に関する検討会」においては、複数の金融機関とAPI接続するFinTech企業の審査対応負担を軽減する観点から、銀行がAPI接続先の適格性を審査する際に使用するチェックリストの策定などについて議論が行われており、こうした取組みが着実に進展していくことも重要であると考えられる。

[32] なお、利用者の保護を適切に確保していくためには、電子決済等代行業サービスの利用者に損害が生じた場合における、銀行等及び電子決済等代行業者と顧客との間の損失分担ルールが重要である。そう

126　第3部　参考資料

- 猶予期間経過後であっても、金融機関との契約に基づくものであれば、業者がスクレイピングによるサービスを提供することも可能とし、金融機関は、情報管理体制の整備等が十分である業者に対して、これを認めることができるものとする。

- なお、制度の実施にあたっては、電子決済等代行業者に係る登録制の導入等が業者の機動的な事業展開等、イノベーションを徒に阻害することのないよう、登録等の事務における迅速な対応等を含め、運用面においても、本制度の趣旨を踏まえた適切な対応が図られることが重要であると考えられる。

（3）その他の環境整備等

　　これらに加えて、オープン・イノベーションを適切に進めていく観点から、例えば、以下のような点について、関係者における適切な取組み等が必要と考えられる。

　　（情報セキュリティに係る基準）
- 銀行・決済システムの安定性、また利用者保護等の観点からは、電子決済等代行業サービスにおける情報セキュリティの確保が特に重要となる。その際、徒に金融機関によって区々の基準が設けられるような場合には、却って、業者における情報セキュリティの確保のための措置が十分に図られないおそれもある。このため、リスク・ベースの適切な情報セキュリティに係る基準を、業界団体等の関係者がFISCを中心として自主的に形成していくことが期待される[33]。

　　（オープン・イノベーションの着実な進展のための留意点）
- 金融機関と電子決済等代行業者がオープンAPIを活用して接続を行う際の利用料の有無・水準については、オープン・イノベーションを着実に進めていく観点を踏まえ、金融機関や業者、ベンダーら関係者において、情報の内容等に応じ、適切に設定されることが重要である。

　　（顧客情報の適切な取扱い）
- 金融機関と電子決済等代行業者においては、電子決済等代行サービスの提供に関連して、個人情報保護法等の関連法令も踏まえ、顧客情報の適切な取扱いが図ら

したルールについては、電子的取引等をめぐる私法上のルールが必ずしも確立されていない現状において、一般的な規律を規定することは難しいが、当面の対応として、責任保険への加入の可能性等を含め、関係者の申し合せによる取組み等が検討されるべきであると考えられる。

[33] 平成28年10月、FISCにおいて「金融機関におけるFinTechに関する有識者検討会」が立ち上げられた。FinTech業務全般における情報セキュリティの安全対策の在り方に関する議論が進められ、この議論結果を踏まえ、今後、FISCの安全対策基準が改訂される予定とされている。

9

れる必要がある。

4．銀行代理業者規制の取扱い

（1）銀行代理業制度の概要等

　銀行代理業は、「銀行のため」[34]に預金・融資・為替に関する契約の締結の代理・媒介を行う営業（銀行法第2条第14項）とされている。これは、平成17年銀行法改正（平成18年施行）において、従来、銀行支店と同一視した規制体系とされてきた「銀行代理店」制度に代わり、顧客と銀行の間に立って取引を行う業者を制度上位置付け、また「代理」に加え「媒介」行為も規制対象としたものである。

　その趣旨は、利用者保護に加え、銀行代理業者が行う行為は、その法的効果が直接所属銀行に帰属することから、所属銀行の経営に直接影響を及ぼすことになる点に求められるとされている。具体的には、銀行代理業者に対して、
- 許可制
- 営業所ごとの実務経験者等の配置義務及び専門部署の設置
- 兼業について承認制

等の規定が設けられているほか、利用者保護等の観点から、当該業者への規制に加え、所属銀行に対して、以下の規制が設けられている。
- 銀行代理業者の指導義務
- 銀行代理業者が顧客に加えた損害の賠償義務等

（2）電子決済等代行業者をめぐる銀行代理業制度上の課題等

　決済関連分野において FinTech の動きが進展する中で、利用者保護等の要請を確保しつつ、オープン・イノベーションを進めることが重要な課題となっている。その際、顧客から委託を受けて決済関連サービスを提供する電子決済等代行業者が一つの核となると考えられるが[35]、電子決済等代行業者が、IT の進展等の環境変化に対応して、適切かつ機動的にサービスを展開できるためには、銀行代理業制度について、以下のような課題がある。

---

[34] 平成18年5月17日付けパブリックコメントに対する金融庁の考え方においては、「『銀行のために』とは、銀行から直接又は間接的な委託により行う行為であることを意味します。」との考え方が示されている。

[35] なお、融資及び預金の分野でも、金融機関と顧客との間に立ち、顧客からの委託を受けて、オープンAPI を通じて電子的な仲介サービスを提供する業態が発展していく可能性も指摘されており、将来的には、そうしたサービスの発展の状況も踏まえ、機動的な環境整備が図られていくことが重要である。

128　第3部　参考資料

（電子決済等代行業者に係る銀行代理業該当性）

- 電子決済等代行業者においては、「顧客のため」に業を行うと同時に、「銀行のため」にも業を行うことがあり得るため、各電子決済等代行業者の業務が「銀行のため」の行為として銀行代理業規制の対象に該当するかを判断する必要がある。

- 現行では、一般に、法制定時のパブリックコメントに対する金融庁の考え方[36]を踏まえ、「契約の条件の確定又は締結に関与する対価として」金銭等を受領すれば、銀行代理業規制に該当することと解されているとみられるが、法制定時に想定されなかったような IT を活用した多用なサービスが登場していることにより、従来の基準によると適用関係が必ずしも明確でないとの指摘がある。

- 例えば、
    - 業者のシステムを利用して顧客が口座にアクセスできる状態を作成・維持した対価としてのシステム利用料である場合、
    - 業者がそのウェブサイト上に銀行のサービスを広告したことの対価としての広告料である場合、
    - 業者が顧客の承諾を得て、サービスに関して作成された会計情報等を銀行に提供する対価（情報提供料等）の場合、
    - 業者に対する利用者からの手数料収入を利用者利便の観点から銀行がまとめて徴収した場合のレベニューシェアの場合等、

    が存在するようになっており、さらに、それらの対価の算出方法が成約高に連動しない場合もある。

- FinTech の動きの中で、様々なサービスが登場・拡大することが想定される中にあって、上述のような事例が登場していることも踏まえ、銀行代理業該当性について明確化が図られるべきであると考えられる。

（その他銀行代理業制度上の課題）

- その他、銀行代理業規制については、

---

[36] 平成18年5月17日付けパブリックコメントに対する金融庁の考え方（抜粋）
「純粋に顧客からのみの委託により、顧客のためにする行為は、銀行代理業に該当しません。これに該当するか否かは、個別事情に即して判断することとなりますが、一般に、
①銀行からの直接又は間接的な委託（間接的な委託とは、再委託、再々委託及びその連鎖）に基づき、預金、貸付け、為替取引を内容とする契約の条件の確定又は締結に関与するものではない、
②契約の条件の確定又は締結に関与する対価として、銀行から直接又は間接的に報酬、手数料その他名目のいかんにかかわらず経済的対価を受領するものではない
場合には、銀行代理業に該当しないと考えられます。」

11

- 銀行代理業者の営業所の所在地を一時的に変更した場合の届出義務等、実務上、対応コストに比して十分な必要性が認められないとの指摘があることから、その見直しについて検討を進めるべきであると考えられる。

- また、例えば、地方において、過疎化が進み銀行支店網の維持が困難となる中でその解決策の１つとして、銀行代理業者の活用が考えられる。さらに、今後、顧客ニーズの多様化等に対応して、銀行代理業者を活用した多様なサービス形態の登場も予想される。こうした状況を踏まえ、例えば、十分な知識を有する者の営業店毎の配置義務や専門部署の設置義務等の見直しについて検討を進めるべきであると考えられる。

おわりに

　以上が本ワーキング・グループにおける、これまでの審議の結果である。今後、関係者において、本報告書に示された考え方を踏まえ、適切な制度整備が進められるとともに、関連する課題についても適切に取組みが進められることを期待する。

オープン・イノベーションの動き

米銀トップの問題意識

- 欧米の銀行では、最近の環境変化が危機感を持って捉えられ、そうした変化に対して戦略的に応じる動きが広がっている

ジェイミー・ダイモン氏（JPモルガン・チェースCEO）

われわれは、グーグルやフェイスブック、その他の企業と競合することになるだろう
2014年5月6日 Euromoney（サウジアラビア）での発言

売上高　1,709億ドル（2013年9月）
ユーザー数　8億人（2014年4月、iTunesアカウント数）

売上高　598億ドル（2014年12月）
ユーザー数　5.4億人（2013年10月、Google+利用者数）

売上高　79億ドル（2013年12月）
ユーザー数　12.3億人（2013年12月）

（出所）決済業務等の高度化に関するスタディ・グループ第2回 野村参考人説明資料

オープン・イノベーション（外部連携による革新）

- 近年、欧米銀行においては、IT分野のイノベーションを取り込むことを目的とした、IT・ネット企業等との戦略的な連携・協働が活発化

usbank
・FSV Payment Systems(2012年11月)：企業、政府、金融機関向けのプリペイド・カード・プラットフォーム開発・サービス提供業者。

CapitalOne
・Level Money(2015年1月)：複数口座の収支管理や資金計画策定をサポートするスマートフォン用アプリケーション開発・提供業者。

BBVA Compass
・Simple(2014年2月)：PCやスマートフォン専用の低コストで利便性の高い銀行サービスを提供する銀行代理業者。

SOCIETE GENERALE（仏）
・OnVista(2007年10月)：金融情報ポータルサイトの提供業者。

CRÉDIT AGRICOLE S.A.（仏）
・Fianet SA(2008年5月)：インターネット決済に係るセキュリティ・システムの開発提供会社。

Santander（スペイン）
・Zed Group(2012年10月、30%出資)：デジタル・マーケティングシステム、モバイル・インターネット決済等の開発・提供会社。
・iZettle(2013年6月、5百万ドル出資)：専用アプリと端末を利用したスマートフォンによるカード決済会社。

citi
・PayQuiq(2008年2月)：金融機関等向けの送金プラットフォーム開発・サービス提供業者。
・Ecount(2007年3月)：小売業者向けのプリペイド・カード・プラットフォーム開発・サービス提供業者。

JPMorgan Chase & Co.
・Bloomspot(2012年12月)：小売業者向けのクーポン等によるカード・プログラムの提供・管理システム開発業者。

BARCLAYS（英）
・RS2 Software(2013年6月、10%出資・同年11月、18.25%へ)：銀行・カード会社、小売業者向けの決済用ソフトウェア開発業者。
・Analog Analytics(2012年6月)：インターネット業者や広告代理店向けの販促用クーポン発行・管理システム開発業者。

BNP PARIBAS（仏）
・FLASHiZ(2013年11月)：QRコード等を利用したスマートフォンによる決済アプリ開発及びサービス提供業者。

（出所）決済業務等の高度化に関するスタディ・グループ第10回 兼委員説明資料

銀行法等の一部を改正する法律の概要①

平成29年5月26日成立
6月2日公布

背景・問題意識等

フィンテック（金融×IT）の動きが世界的規模で加速

⇩

利用者保護を確保しつつ、金融機関とフィンテック企業との
オープン・イノベーション（連携・協働による革新）を進めていくための制度的枠組みを整備

日本では、銀行システムによるネットワークが高度に発達。電子マネー等の様々な決済サービスが登場する中でも、そのファイナリティ付与には銀行預金の決済機能が広く利用されている。

⇩

日本においては、例えば、銀行のネットワークを活かして、フィンテック企業の先進的なアイディアや技術を、実際の金融サービスへとつなげていくことなどが考えられる。

銀行法等の一部を改正する法律の概要②

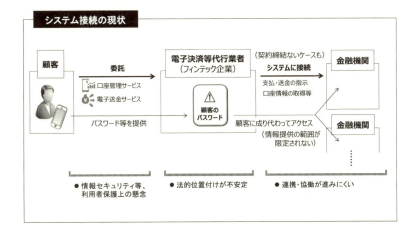

銀行法等の一部を改正する法律の概要③

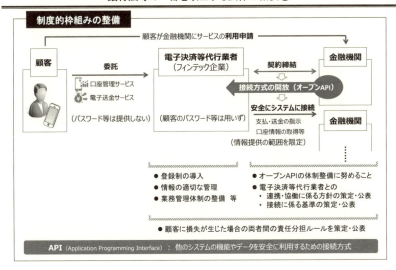

132　第3部　参考資料

銀行法等の一部を改正する法律の概要④

> ### 電子決済等代行業者に対し、登録制を導入し、以下のルールを整備

1. 電子決済等代行業者の体制整備・安全管理に係る措置
- ○　利用者保護のための体制整備
- ○　情報の安全管理義務等
- ○　財産的基礎の確保

2. 電子決済等代行業者の金融機関との契約締結等
- ○　サービス提供にあたり以下の事項を含む契約を締結
  - ・利用者の損害に係る賠償責任の分担
  - ・利用者に関する情報の安全管理

3. 金融機関におけるオープン・イノベーションの推進に係る措置
- ○　電子決済等代行業者との連携・協働に係る方針の策定・公表
- ○　電子決済等代行業者との接続に係る基準の策定・公表
- ○　オープンAPI導入に係る努力義務

※農業協同組合法、水産業協同組合法、中小企業等協同組合法、協同組合による金融事業に関する法律、信用金庫法、労働金庫法、
　農林中央金庫法、株式会社商工組合中央金庫法も銀行法と同様に改正。

施行期日

- ○　施行：　公布の日（平成29年6月2日）から起算して1年を超えない範囲内において

　　　　　　　政令で定める日

- ○　ただし、以下については、施行の日から2年以内の政令で定める日まで猶予

  - ・　口座管理サービスのみを行っている電子決済等代行業者の金融機関との契約締結

  - ・　金融機関におけるオープンAPI導入に係る体制整備

銀行法等の一部を改正する法律の内閣府令について

法律の内容（附則第10条1項）

○ 銀行等は、内閣府令で定めるところにより、法の公布の日から9か月後までに、電子決済等代行業者との連携・協働に係る方針を作成し、公表しなければならないこととされている。

内閣府令の内容

○ 委任を受けた内閣府令では、当該方針は、以下の事項を含むものとする。

・ 電子決済等代行業者との連携・協働に係る基本方針

・ 更新系API及び参照系APIそれぞれについての導入の有無及びその理由、導入する場合には導入予定時期

・ 電子決済等代行業者との連携及び協働に係る業務システムの構築に関する方針、担当部門及び連絡先

・ そのほか、電子決済等代行業者が当該銀行等と連携・協働するかどうかを検討するために参考となる情報

○ なお、銀行は、上記の方針を決定したときは、遅滞なく、これをインターネットの利用その他の方法により公表しなければならないこととし、これを変更したときも、同様とする。

パブリックコメントの概要とそれに対する金融庁の考え方（抄）

第2条第1号関係

Q. 銀行のAPI提供にあたっても参考にされる、第2条第1号の「基本方針」はどのような理解のもとで策定されるものか。

A.今般の銀行法改正は、フィンテックが進展する中で、利用者保護を確保しつつ、多様なプレイヤーが試行錯誤しながら連携・協働を進めていくオープン・イノベーションが重要であることから、そのための環境整備を行うものです。第2条第1号の「基本方針」については、そうしたことを踏まえながら各行において策定されるものと考えられます。

第2条第2号及び第3号関係

Q. 「整備の完了を予定する時期」については、おおむね月単位で記載することになると理解しているが、その理解でよいか。

A.必ずしも月単位での記載に限定されるわけではありませんが、電子決済等代行業者に対し、APIによる連携を開始し得る時期に関する情報を提供するとの趣旨に照らせば、可能な範囲で具体的に記載されることが望ましいものと考えられます。

第2条第2号及び第3号関係

Q. 金融庁は、公表した方針の内容及び遵守状況を含め、API公開の現状について、常に把握すべきではないか。

A.金融庁としては、APIの導入にかかる体制整備について、例えば、金融機関に対して状況の報告を求めるなどの方法により、その取組み状況を把握して参りたいと考えております。

第2条第2号及び第3号関係

Q. 仮にAPI接続を行う旨を表明しておいて、後日、これを行わないこととする場合、あるいは、仮にAPI接続をしない旨を表明しておいて、後日、これを行うこととする場合、すでに公表している基本方針を変更することにより可能という理解で良いか。

A.貴見のとおりと考えられます。

第2条第2号及び第3号関係

Q. 第2条第2号及び第3号においては、「整備を行う」場合に、「当該整備の完了を予定する時期」を記載すれば足りるはずであって、「整備を行うかどうかの別及びその理由」まで記載する必要はないのではないか。

A.金融機関と電子決済等代行業者との連携・協働を促進し、金融機関によるオープンAPI化を推進する目的から、金融機関に、電子決済等代行業者との連携・協働及びオープンAPIの導入に関する基本的な考え方を明らかにしていただくため、第2条第2号及び第3号では、APIの整備を行うかどうかの別及びその理由を記載していただくことを求めております。

「整備を行うかどうかの別」は、公表時点での整備を行う予定の有無を記載するものとなっており、具体的な整備の予定がない場合には、その旨を記載していただき、その後、変更があった場合には、第3条に基づき、変更内容を公表していただくことになると考えられます。また、「その理由」については、上記の趣旨から、できる限り具体的に記載していただくことが求められます。

パブリックコメントの概要とそれに対する金融庁の考え方（抄）

第2条第2号及び第3号関係

Q. 整備を行わない理由について、「その理由」として、認定電子決済等代行事業者協会（法第2条第19項）が未設立で、電子決済等代行業者の登録拒否要件（法第52条の61の5）である財産的基礎の基準を定める内閣府令も未確定であるなど、不確定要因が残る段階では、「時期尚早」である旨の記載とせざるを得ない事情も有るが、その旨の記載でも差支えないか。

A. 金融機関に、電子決済等代行業者との連携・協働及びオープンAPIの導入に関する基本的な考え方を明らかにしていただくため、第2条第2号及び第3号では、APIの整備を行うかどうか及びその理由を記載することを求めております。「その理由」の記載として十分であるかどうかは個別事情によりますが、「その理由」については、上記の趣旨に鑑み、できる限り具体的に記載することが望ましいと考えられます。

第2条第4号関係

Q. 現状の実務からすると第3者に委託したうえでシステム整備を行うことが多いと推察しているが、この場合、委託したベンダー等の名称等については公表の対象となるのか。

A. ベンダー名については、第2条第4号により記載すべき事項には該当しないため、法令上公表が義務付けられているわけではないものの、各行の判断により、同条第6号の「参考となるべき情報」として公表することが考えられます。

第2条第4号関係

Q. 「システムの構築に関する方針」とはどのような記載を求める趣旨か。

A. 「システムの構築に関する方針」については、各金融機関において、電子決済等代行業者との連携及び協働に係る基本方針を踏まえ、必要と判断した体制整備に係るシステムの構築に関する方針の記載を求めているものであり、例えば、採用する認証・認可の方式等（アーキテクチャ・スタイル、データ表現形式及び認可プロトコル等）やインターネットバンキングの共同センターの利用の有無、などが考えられます。

第2条第6号関係

Q. 内閣府令に関して貴庁において具体的に想定している記載事由の例などがあればお示し頂きたい。

A. 「その他電子決済等代行業者が当該銀行との連携及び協働を検討するに当たって参考となるべき情報」については、各金融機関において、電子決済等代行業者との連携及び協働に係る基本方針を踏まえ、電子決済等代行業者の検討の参考となる事項の記載を求めているものですが、例えば、預金口座に係るAPIにより公開される情報の範囲、投信口座についてのAPI対応予定の有無など様々なものが考えられます。

第3条関係

Q. 「その他の方法」とはどのような方法を指すのか。例えば行内での掲示や地方誌への掲載等が含まれると解されると、インターネットを通じた開示に比べて「公表」の度合いが落ちることになるので、電磁的な方法による開示をお願いしたい。

A. 可能な限りインターネットによる公表を行うことが望ましいと考えられますが、インターネットによる公表がさない場合には、いわゆるディスクロージャー誌への記載によって当該金融機関の各営業所において公衆の縦覧に供するなど幅広い範囲で閲覧できる状態にすることが必要になると考えられます。

金融審議会 金融制度ワーキング・グループ 報告（2016年12月公表）（抄）

第1章FinTechの進展と対応の方向性

2. 対応の基本的方向性

我が国において、FinTechの進展等の環境変化に対応していくためには、金融機関とFinTech企業とのオープン・イノベーション（外部との連携・協働による革新）を進めていくことが重要であると考えられる。そうした中で、例えば、銀行のネットワークを活かして、FinTech企業の先進的なアイデアや技術を、実際の金融サービスへとつなげていくことなどが考えられる。また、その際には、FinTechの動きを利用者利便や企業の生産性向上等につなげていく観点から、特に、顧客の視点に立脚したイノベーションが重要な課題となる。

第2章オープン・イノベーションに向けた環境整備

1. 電子決済等代行業者を巡る状況等

これらの業者（電子決済等代行業者）は、顧客とのインターフェイス（接点）を確保しつつ金融機関とも接続することで、ITの進展等を活用した多様なサービス展開の可能性を有しており、FinTechを利用者利便の向上につなげる動きの1つの核となることが考えられる。

2. オープン・イノベーションの観点からの課題等

(1)オープンAPIを巡る状況等

FinTechの動きを利用者利便の向上につなげていくといった観点に立った場合、各金融機関においてAPIの導入が広く進むとともに、それが、外部企業との連携・協働（オープン・イノベーション）の下で、適格性や情報管理能力等の面で問題がある業者以外の業者に広く開放されること（オープンAPI）が重要であると考えられる。

3. オープン・イノベーションに向けた環境整備

(2)オープン・イノベーションに向けた制度的枠組みの整備

利用者において、複数の金融機関をまたがる決済指図や口座情報の取引利用者において、複数の金融機関をまたがる決済指図や口座情報の取得等を行いたいとのニーズがあるため、電子決済等代行業サービスにおいては、多数の金融機関のシステムにアクセスする場合がある。こうした状況を踏まえれば、電子決済等代行業者と金融機関との契約締結については、過度な事務負担とならないよう、適切な対応が図られる必要があると考えられる。

(3)その他の環境整備等

（情報セキュリティに係る基準）

銀行・決済システムの安定性、また利用者保護等の観点からは、電子決済等代行業サービスにおける情報セキュリティの確保が特に重要となる。その際、徒に金融機関によって区々の基準が設けられるような場合には、却って、業者における情報セキュリティの確保のための措置が十分に図られないおそれもある。このため、リスク・ベースの適切な情報セキュリティに係る基準を、業界団体等の関係者がFISCを中心として自主的に形成していくことが期待される。

（オープン・イノベーションの着実な進展のための留意点）

金融機関と電子決済等代行業者がオープンAPIを活用して接続を行う際の利用者の有無・水準については、オープン・イノベーションを着実に進めていく観点を踏まえ、金融機関や業者、ベンダー等関係者において、情報の内容等に応じ、適切に設定されることが重要である。

（顧客情報の適切な取扱い）

金融機関と電子決済等代行業者においては、電子決済等代行業サービスの提供に関連して、個人情報保護法等の関連法令も踏まえ、顧客情報の適切な取扱いが図られる必要がある。

銀行の電子決済等代行業者との連携及び協働に係る方針に関する内閣府令等
（平成 29 年 6 月 27 日公布・施行）

銀行の電子決済等代行業者との連携及び協働に係る方針に関する内閣府令

（定義）

第一条　この府令において使用する用語は、銀行法（昭和五十六年法律第五十九号）及び銀行法等の一部を改正する法律（次条において「改正法」という。）において使用する用語の例による。

（連携及び協働に係る方針の内容）

第二条　改正法附則第十条第一項の規定により銀行が決定する電子決済等代行業者との連携及び協働に係る方針は、次に掲げる事項について定めるものとする。

一　電子決済等代行業者との連携及び協働に係る基本方針

二　電子決済等代行業者が、その営む電子決済等代行業の利用者から当該利用者に係る識別符号等を取得することなく当該銀行に係る電子決済等代行業を営むことができる体制のうち、改正法による改正後の銀行法（次号において「新法」という。）第二条第十七項第一号に掲げる行為を行うことができるものの整備を行うかどうかの別及びその理由並びに当該整備を行う場合には、当該整備の完了を予定する時期

三　前号に規定する体制のうち、新法第二条第十七項第二号に掲げる行為を行うことができるものの整備を行うかどうかの別及びその理由並びに当該整備を行う場合には、当該整備の完了を予定する時期

四　第二号又は前号に規定する整備を行う場合には、システムの設計、運用及び保守を自ら行うか、又は第三者に委託して行わせるかの別その他の当該整備に係るシステムの構築に関する方針

五　当該銀行において電子決済等代行業者との連携及び協働に係る業務を行う部門の名称及び連絡先

六　その他電子決済等代行業者が当該銀行との連携及び協働を検討するに当たって参考となるべき情報

（連携及び協働に係る方針の公表）

第三条　銀行は、前条の方針を決定したときは、遅滞なく、これをインターネットの利用その他の方法により公表しなければならない。これを変更したときも、同様とする。

附　則

この府令は、公布の日から施行する。

(1) 連携及び協働に係る方針の概要

　今般の電子決済等代行業者に係る法制の整備は、単に利用者保護の観点から電子決済等代行業者を規制の対象に加えるのみならず、電子決済等代行業者に一定の法的な地位を与え、また、銀行に電子決済等代行業者との契約の締結に係る基準の作成・公表を求めることなどによって、法制上、銀行と電子決済等代行業者との連携及び協働（オープン・イノベーション）を促進することをその目的としている。

　その際、銀行と電子決済等代行業者との接続の方法が重要となるが、それについては、API を利用した方法が、利用者のセキュリティを確保しつつ、電子決済等代行業者が銀行システムにアクセスして様々なフィンテックに関連したサービスを提供することを可能とする技術となっており、オープン・イノベーションの 1 つの核になる技術として考えられる。

　特に、銀行システムによるネットワークが高度に発達し、IT 関連の決済サービスが登場する中でもそのファイナリティ付与には銀行預金の決済機能が広く利用されている我が国においては、フィンテックの動きを利用者利便の向上等につなげていくといった観点に立った場合、各銀行においてAPI の導入が広く進むとともに、それが、適格性や情報管理能力等の面で問題がある事業者以外の事業者に広く開放されること（オープン API）が重要であると考えられる。

　他方、スクレイピングについては前述のような問題点が存在するものの、これを一律に禁止することは、以下のとおり過剰な規制となるおそれがある。

- ・利用者が、当該サービスがスクレイピングによるものであることを認識した上で、それでもなお、自らのインターネットバンキングの ID・パスワードを電子決済等代行業者に提供し、そのサービスを利用しようとする場合にまでこれを禁止するのは、過剰にパターナリスティックな規制となる。
- ・電子決済等代行業者に対し登録制を導入し、一定の体制整備義務や情報の安全管理義務等を課すことによっても利用者保護を確保することができる。

・加えて、電子決済等代行業者と銀行との間に契約が存在し、銀行がスクレイピングによる接続を認識・許容しているのであれば、銀行が予期せぬアクセスによって銀行システムに過剰な負担が生ずることも考え難い。

　また、各銀行の経営戦略は区々であってしかるべきとの大前提からは、そもそもスクレイピングやオープンAPIといった接続の方法の別を問わず、電子決済等代行業者との連携及び協働について否定的な捉え方をする選択肢も完全に否定することはできないところである。

　したがって、オープン・イノベーションに対する最終的な判断は各銀行に委ねられることになる。もっとも、その判断によっては利用者の利便性・安全性が損なわれ、また電子決済等代行業者から見れば、当該銀行との間でのビジネスモデルの変更に繋がるものであり、その影響は大きい。そこで、改正法の施行日（公布から1年以内で政令で定める日）より前に、各銀行にその判断を公表することを求めることとし、改正法附則第10条において、銀行に対し、公布日から9ヶ月を経過する日までに、オープンAPIの導入の有無を含め、電子決済等代行業者との連携及び協働に関する方針を決定した上で、これを公表する義務を課すこととしたものである。方針の具体的内容は内閣府令に委ねられている。

(2)　連携及び協働に係る方針に関する内閣府令

　改正法附則第10条の委任を受けて、「銀行の電子決済等代行業者との連携及び協働に係る方針に関する内閣府令」（以下単に「府令」という）が、平成29年6月27日に公布・施行された。

　これにより、銀行は、連携及び協働に係る方針において、以下の事項について定めることとされた（府令第2条）。

―電子決済等代行業者との連携及び協働に係る基本方針（同条第1号）

―更新系API（改正後の銀行法第2条第17項第1号のいわゆる電子送金サービスに関するAPI）についての導入の有無及びその理由並びに導入する場合には導入予定時期（府令第2条第2号）

―参照系API（改正後の銀行法第2条第17項第2号のいわゆる口座管理・家

138 第3部 参考資料

計簿サービスに関する API）についての導入の有無及びその理由並びに
導入する場合には導入予定時期（府令第2条第3号）
—電子決済等代行業者との連携及び協働に係る業務システムの構築に関
する方針（同条第4号）
—銀行における電子決済等代行業者との連携及び協働に係る業務を行う
担当部門の名称及び連絡先（同条第5号）
—その他連携及び協働にあたって参考となるべき情報（同条第6号）
また、銀行が方針を決定・変更したときは、遅滞なく、インターネット
等において公表しなければならないこととされた（府令第3条）。

(3) パブリックコメントに対する金融庁の考え方の概要

府令に関しては、平成29年6月27日にパブリックコメントに関し、「コ
メントの概要及びそれに対する金融庁の考え方」が公表されているところ
であり、以下、その概要を掲載する。

(イ) 府令第2条第1号関係

Q：第2条第1号において、「電子決済等代行業者との連携及び協働に
係る基本方針」とあるが、当該基本方針に記載すべき事項に含むべ
き項目を定める必要があると考える。現状では、各金融機関におい
て示される内容の差異が生じ、かえって電子決済等代行業者に混乱
をもたらすのではないか。

A：「電子決済等代行業者との連携及び協働に係る基本方針」について
は、各金融機関において、個別具体的なビジネスモデルや経営方針
を踏まえた様々な電子決済等代行業者との連携及び協働への取組み
方があると考えられることから、法令上一律に記載すべき項目を指
定することは適当でないと考えられます。

Q：銀行のAPI提供にあたっても参考にされる、第2条第1号の「基
本方針」はどのような理解のもとで策定されるべきか。

A：今般の銀行法改正は、フィンテックが進展する中で、利用者保護
を確保しつつ、多様なプレイヤーが試行錯誤しながら連携・協働を
進めていくオープン・イノベーションが重要であることから、その

ための環境整備を行うものです。第2条第1号の「基本方針」については、そうしたことを踏まえながら各行において策定されるものと考えられます。

(ロ)　府令第2条第2号及び第3号関係

Q：「整備の完了を予定する時期」については、おおむね月単位で記載することになると理解しているが、その理解でよいか。

A：必ずしも月単位での記載に限定されるわけではありませんが、電子決済等代行業者に対し、APIによる連携を開始し得る時期に関する情報を提供するとの趣旨に照らせば、可能な範囲で具体的に記載されることが望ましいものと考えられます。

Q：金融庁は、公表した方針の内容及び遵守状況を含め、API公開の現状について、常に把握すべきではないか。

A：金融庁としては、APIの導入にかかる体制整備について、例えば、金融機関に対して状況の報告を求めるなどの方法により、その取組み状況を把握して参りたいと考えております。

Q：仮にAPI接続を行う旨を表明しておいて、後日、これを行わないこととする場合、あるいは、仮にAPI接続をしない旨を表明しておいて、後日、これを行うこととする場合、すでに公表している基本方針を変更することにより可能という理解で良いか。

A：貴見のとおりと考えられます。

Q：第2条第2号及び第3号においては、「整備を行う」場合に、「当該整備の完了を予定する時期」を記載すれば足りるはずであって、「整備を行うかどうかの別及びその理由」まで記載する必要はないのではないか。

A：金融機関と電子決済等代行業者との連携・協働を促進し、金融機関によるオープンAPI化を推進する目的から、金融機関に、電子決済等代行業者との連携・協働及びオープンAPIの導入に関する基本的な考え方を明らかにしていただくため、第2条第2号及び第3号では、APIの整備を行うかどうかの別及びその理由を記載していただくことを求めております。「整備を行うかどうかの別」は、公表

時点での整備を行う予定の有無を記載するものとなっており、具体的な整備の予定がない場合には、その旨を記載していただき、その後、変更があった場合には、第3条に基づき、変更内容を公表していただくことになると考えられます。また、「その理由」については、上記の趣旨から、できる限り具体的に記載していただくことが求められます。

Q：整備を行わない場合の理由について、「その理由」として、認定電子決済等代行事業者協会（改正後の銀行法第2条第19項）が未設立で、電子決済等代行業者の登録拒否要件（同法第52条の61の5）である財産的基礎の基準を定める内閣府令も未確定であるなど、不確定要因が残る段階では、「時期尚早」である旨の記載とせざるを得ない事情も有るが、その旨の記載でも差支えないか。

A：金融機関に、電子決済等代行業者との連携・協働及びオープンAPIの導入に関する基本的な考え方を明らかにしていただくため、第2条第2号及び第3号では、APIの整備を行うかどうか及びその理由を記載することを求めております。「その理由」の記載として十分であるかどうかは個別事情によりますが、「その理由」については、上記の趣旨に鑑み、できる限り具体的に記載することが望ましいと考えられます。

(ハ) 府令第2条第4号関係

Q：現状の実務からすると第3者に委託したうえでシステム整備を行うことが多いと推察しているが、この場合、委託したベンダーの名称等については公表の対象となるのか。

A：ベンダー名については、第2条第4号により記載すべき事項には該当しないため、法令上公表が義務付けられているわけではないものの、金融機関の判断により、同条第6号の「参考となるべき情報」として公表することが考えられます。

Q：「システムの構築に関する方針」とはどのような記載を求める趣旨か。

A：「システムの構築に関する方針」については、各金融機関において、

電子決済等代行業者との連携及び協働に係る基本方針を踏まえ、必要と判断した体制整備に係るシステムの構築に関する方針の記載を求めているものであり、例えば、採用する認証・認可の方式等（アーキテクチャ・スタイル、データ表現形式及び認可プロトコルの方式等）やインターネットバンキングの共同センターの利用の有無、などが考えられます。

㈡　府令第2条第6号関係

Q：本内閣府令に関して貴庁において具体的に想定している記載事由の例などがあればお示し頂きたい。

A：「その他電子決済等代行業者が当該銀行との連携及び協働を検討するに当たって参考となるべき情報」については、各金融機関において、電子決済等代行業者との連携及び協働に係る基本方針を踏まえ、電子決済等代行業者の検討の参考となる事項の記載を求めているものですが、例えば、預金口座に係るAPIにより公開される情報の範囲、投信口座についてのAPI対応予定の有無など様々なものが考えられます。

㈠　府令第3条関係

Q：「その他の方法」とはどのような方法を指すのか。例えば行内での掲示や地方誌への掲載等が含まれると解されると、インターネットを通じた開示に比べて「公表」の度合いが落ちることになるので、電磁的な方法による開示をお願いしたい。

A：可能な限りインターネットによる公表を行うことが望ましいと考えられますが、インターネットによる公表ができない場合には、いわゆるディスクロージャー誌への記載によって当該金融機関の各営業所において公衆の縦覧に供するなど幅広い範囲で閲覧できる状態にすることが必要になると考えられます。

142　第3部　参考資料

コメントの概要及びコメントに対する金融庁の考え方
＜銀行の電子決済等代行業者との連携及び協働に係る方針に関する内閣府令等＞

凡　例

本「コメントの概要及びそれに対する金融庁の考え方」においては、以下の略称を用いています。

正　式　名　称	略　称
銀行法等の一部を改正する法律（平成29年法律第49号）	改正法
銀行法（昭和56年法律第59号）	銀行法
銀行法施行規則（昭和57年大蔵省令第10号）	銀行法施行規則

No.	コメントの概要	金融庁の考え方
	●銀行の電子決済等代行業者との連携及び協働に係る方針に関する内閣府令	
	▼第2条第1号	
1	第2条第1号において、「電子決済等代行業者との連携及び協働に係る基本方針」とあるが、当該基本方針に記載すべき事項に含むべき項目を定める必要があると考える。現状では、各金融機関において示される内容の差異が生じ、かえって電子決済等代行業者に混乱をもたらすのではないか。	「電子決済等代行業者との連携及び協働に係る基本方針」については、各金融機関において、個別具体的なビジネスモデルや経営方針を踏まえた様々な電子決済等代行業者との連携及び協働への取組み方があると考えられることから、法令上一律に記載すべき項目を指定することは適当でないと考えられます。
2	銀行のAPI提供にあたっても参考にされる、第2条第1号の「基本方針」はどのような理解のもとで策定されるべきか。	今般の銀行法改正は、フィンテックが進展する中で、利用者保護を確保しつつ、多様なプレイヤーが試行錯誤しながら連携・協働を進めていくオープン・イノベーションが重要であることから、そのための環境整備を行うものです。第2条第1号の「基本方針」については、そうしたことを踏まえながら各行において策定されるものと考えられます。

No.	コメントの概要	金融庁の考え方
3	個人向けの預金業務を取り扱っていない等の理由により、外国銀行支店等においては、オープンAPIによる方法であるか否かに関わらず、電子決済等代行業者との連携・協働を行わないとする判断も考えられるが、その場合であっても、第2条第1号にある「基本方針」を策定する必要があるか。	電子決済等代行業者との連携・協働を行わない場合にも、第2条第1号の「基本方針」を策定していただくことが必要となります。
▼第2条第2号及び第3号		
4	第2号及び第3号の「識別符号等を取得することなく当該銀行に係る電子決済等代行業を営むことが出来る体制」とはオープンAPIの導入を意味すると理解してよいか。	貴見のとおりと考えられます。
5	「整備の完了を予定する時期」については、おおむね月単位で記載することになると理解しているが、その理解でよいか。	必ずしも月単位での記載に限定されるわけではありませんが、電子決済等代行業者に対し、APIによる連携を開始し得る時期に関する情報を提供するとの趣旨に照らせば、可能な範囲で具体的に記載されることが望ましいものと考えられます。
6	金融庁は、公表した方針の内容及び遵守状況を含め、API公開の現状について、常に把握すべきではないか。	金融庁としては、APIの導入にかかる体制整備について、例えば、金融機関に対して状況の報告を求めるなどの方法により、その取組み状況を把握して参りたいと考えております。
7	仮にAPI接続を行う旨を表明しておいて、後日、これを行わないこととする場合、あるいは、仮にAPI接続をしない旨を表明しておいて、後日、これを行うこととする場合、すでに公表している基本方針を変更することにより可能という理解で良いか。	貴見のとおりと考えられます。

144 第3部 参考資料

No.	コメントの概要	金融庁の考え方
8	「整備の完了を予定する時期」について、具体的な期限を設けないで、例えば、現在開発中のコア・バンキングに関するシステムの構築完了後速やかに実施する、というような表記は許容されるのか。	電子決済等代行業者に対し、APIによる連携を開始し得る時期に関する情報を提供するとの趣旨に照らせば、「整備の完了を予定する時期」については、各金融機関において可能な範囲で具体的に記載されることが望ましいものと考えられます。
9	第2条第2号及び第3号においては、「整備を行う」場合に、「当該整備の完了を予定する時期」を記載すれば足りるはずであって、「整備を行うかどうかの別及びその理由」まで記載する必要はないのではないか。 経営判断の選択肢は、「整備を行うかどうかの別」の二者択一に限られるべきではなく、「検討中」としか表明できない場合も有る。また、様々な要因を総合的に勘案するため、「その理由」が一義的に特定できない場合や、公表に相応しくない場合も有る（真の理由が経営機密に関する事由である場合には、公表出来ない）。 したがって、原案のような、「整備を行うかどうかの別」という二者択一的な選択肢、及び「その理由」まで記載させることは不適当ではないか。 「整備を行う場合にはその旨、及び完了を予定する時期」を記載させるだけで、規制の趣旨は十分に達成されるものと考える。	金融機関と電子決済等代行業者との連携・協働を促進し、金融機関によるオープンAPI化を推進する目的から、金融機関に、電子決済等代行業者との連携・協働及びオープンAPIの導入に関する基本的な考え方を明らかにしてしただくため、第2条第2号及び第3号では、APIの整備を行うかどうかの別及びその理由を記載していただくことを求めております。 「整備を行うかどうかの別」は、公表時点での整備を行う予定の有無を記載するものとなっており、具体的な整備の予定がない場合には、その旨を記載していただき、その後、変更があった場合には、第3条に基づき、変更内容を公表していただくことになると考えられます。また、「その理由」については、上記の趣旨から、できる限り具体的に記載していただくことが求められます。

No.	コメントの概要	金融庁の考え方
10	仮に、「…かどうかの別」（すなわち、整備を行わない場合には、その旨）まで記載しなければならない場合には、「その理由」としては、認定電子決済等代行事業者協会（法第2条第19項）が未設立で、電子決済等代行業者の登録拒否要件（法第52条の61の5）である財産的基礎の基準を定める内閣府令も未確定であるなど、不確定要因が残る段階では、「時期尚早」である旨の記載とせざるを得ない事情も有るが、その旨の記載でも差支えないか。	金融機関に、電子決済等代行業者との連携・協働及びオープンAPIの導入に関する基本的な考え方を明らかにしていただくため、第2条第2号及び第3号では、APIの整備を行うかどうか及びその理由を記載することを求めております。「その理由」の記載として十分であるかどうかは個別事情によりますが、「その理由」については、上記の趣旨に鑑み、できる限り具体的に記載することが望ましいと考えられます。
	▼第2条第4号	
11	第2条第4号において「システムの構築に関する方針」とあるが、本方針についても同条第1号と同様、各金融機関において内容の差異が生じ、かえって電子決済等代行業者に混乱をもたらすのではないか。そのため、方針に含むべき事項として具体的な項目を示すべきではないか。	「システムの構築に関する方針」については、各金融機関において、電子決済等代行業者との連携及び協働に係る基本方針を踏まえ、必要と判断した体制整備に係るシステムの構築に関する方針の記載をすることになります。その内容は、基本方針の内容や、各金融機関の体制整備の状況等により異なるものと考えられることから、法令上一律に記載すべき項目を指定することは適当ではないものと考えられます。
12	現状の実務からすると第3者に委託したうえでシステム整備を行うことが多いと推察しているが、この場合、委託したベンダーの名称等については公表の対象となるのか。	ベンダー名については、第2条第4号により記載すべき事項には該当しないため、法令上公表が義務付けられているわけではないものの、各行の判断により、同条第6号の「参考となるべき情報」として公表することが考えられます。
13	一旦表明した方針の変更は、改めて変更後の方針を開示すれば認められるという理解で良いか。	貴見のとおりと考えられます。

146 第3部 参考資料

No.	コメントの概要	金融庁の考え方
14	「システムの構築に関する方針」とはどのような記載を求める趣旨か。	「システムの構築に関する方針」については、各金融機関において、電子決済等代行業者との連携及び協働に係る基本方針を踏まえ、必要と判断した体制整備に係るシステムの構築に関する方針の記載を求めているものであり、例えば、採用する認証・認可の方式等（アーキテクチャ・スタイル、データ表現形式及び認可プロトコルの方式等）やインターネットバンキングの共同センターの利用の有無、などが考えられます。
15	第2条第4号について、「システムの設計、運用、及び保守を自ら行うか、又は第三者に委託して行わせるかの別」を記載することを求めているが、部分委託も有りうるため、二者択一的な選択肢は不適当ではないか。単に「システムの設計、運用及び保守（削除）その他の当該整備に係るシステムの構築に関する方針」を記載させるだけで、規制の趣旨は十分に達成されるものと考える。	第2条第4号では、システムの構築に関する基本的事項として、APIの構築の主要部分を自社で行うのかシステムベンダー等の第三者に委託するのかを明らかにしていただくことを目的としており、例えば、システムの設計等のごく一部のみを第三者に委託する場合にまで、「第三者に委託する」と記載していただくものではありません。
	▼第2条第6号	
16	金融商品取引法の規定で同様の事由が定められる場合に、特段明記されないことが多いと理解しているが、本内閣府令に関して貴庁において具体的に想定している記載事由の例などがあればお示し頂きたい。	「その他電子決済等代行業者が当該銀行との連携及び協働を検討するに当たって参考となるべき情報」については、各金融機関において、電子決済等代行業者との連携及び協働に係る基本方針を踏まえ、電子決済等代行業者の検討の参考となる事項の記載を求めているものですが、例えば、預金口座に係るAPIにより公開される情報の範囲、投信口座についてのAPI対応予定の有無など様々なものが考えられます。

No.	コメントの概要	金融庁の考え方
17	ベンチャーとしてこのような情報があると連携についてアプローチしやすいので、金融商品取引法の例に準じることなく、幅広く情報開示をお願いしたい。特に、重要な情報がアプローチ後に開示されると、スムーズな連携及び協働が阻害される可能性があるので、できる限り、前倒しでお願いしたい。	今般の銀行法改正は、フィンテックが進展する中で、利用者保護を確保しつつ、多様なプレイヤーが試行錯誤しながら連携・協働を進めていくオープン・イノベーションが重要であることから、そのための環境整備を行うものです。提供される情報の範囲やタイミングについては、各行においてこのような趣旨を踏まえて適切に対応されるものと考えられます。
	▼第3条	
18	第3条において、第2条の方針を変更した際には遅滞なく公表とあるが、変更に際しては、一定期間の周知期間を置くべきではないか。	第3条は、各金融機関に対し、第2条の方針を変更したときは、その旨を遅滞なく公表することを求めているものです。 変更後の方針について、実際のサービス開始までに一定の周知期間があることが望ましいことから、方針の変更後は、第3条に従って、遅滞なく公表していただく必要があると考えられます。
19	「その他の方法」とはどのような方法を指すのか。例えば行内での掲示や地方誌への掲載等が含まれると解されると、インターネットを通じた開示に比べて「公表」の度合いが落ちることになるので、電磁的な方法による開示をお願いしたい（全国の事業者が接続する可能性があることを考慮して頂きたい。）。	可能な限りインターネットによる公表を行うことが望ましいと考えられますが、インターネットによる公表ができない場合には、いわゆるディスクロージャー誌への記載によって当該金融機関の各営業所において公衆の縦覧に供するなど幅広い範囲で閲覧できる状態にすることが必要になると考えられます。

148 第3部 参考資料

No.	コメントの概要	金融庁の考え方
	●信用金庫及び信用金庫連合会の信用金庫電子決済等代行業者との連携及び協働に係る方針に関する内閣府令	
	▼第2条各号	
20	例えば、諸般の事情により提携を行わない信用金庫においては、第1号の方針でその旨を記載すれば第2号から第7号についての記載は不要と考えて良いか。	電子決済等代行業者との連携・協働を行わない信用金庫においても、第2条第1号の基本方針のほか、同条第3号及び第4号の「整備を行うかどうかの別及びその理由」については、記載が必要となります。
21	現時点ではインターネットバンキングを提供していないが、具体的な提供予定があり、それに合わせて提携の開始を予定している場合には、第1号では提携の予定であることを記載した上で、第2号～第7号の項目を記載すれば良いか。	貴見のとおりと考えられます。
	●その他（全般に関するご意見）	
22	銀行等に関する内閣府令が複数規定されると把握が煩雑となる。本件内容は、銀行法施行規則に盛り込むべきではないのか。	本件内閣府令等については、改正後の銀行法ではなく、改正法附則第10条の規定に基づき制定するものであることから、新設の内閣府令等として制定しているものです。

●事項索引

◆ アルファベット

PSD2………………………………51

◆ あ行

アンバンドリング化………………2
インターネット・バンキング………51
委託…………………………………17
オープン・イノベーション…………3

◆ か行

会員名簿の縦覧……………………76
外国銀行……………………………13
外国銀行支店………………………13
　——の事業年度…………………27
　——の届出………………………28
業務改善命令………………………68
銀行代理業…………………………5
銀行等による方針の決定…………107
銀行等の努力義務…………………110
銀行による基準の作成等…………57
経過措置……………………………13
　　銀行法の一部改正に伴う——…103
契約締結義務…………………10, 49

◆ さ行

財産的基礎…………………………9
指図…………………………………18
施行期日……………………………103
取得…………………………………21
情報の安全管理義務………………52
スクレイピング……………………10
誠実義務……………………………48

◆ た行

体制整備義務………………………52
立入検査……………………………66
定款の必要的記載事項……………82
適用除外……………………………22
電子決済等代行業…………………20

——に関する帳簿書類……………62
——に関する報告書………………62
電子情報処理組織…………………18
伝達…………………………………18
登録…………………………………31
　——の拒否………………………34
　——の実施………………………34
　——の申請………………………32
　——の取消し……………………68
　——の抹消………………………71
登録拒否要件………………………37
登録制………………………………31
届出義務……………………………87
届出事項……………………………87
努力義務……………………………108

◆ な行

内閣総理大臣の告示………………88
認定業務……………………………75
認定制………………………………72
認定電子決済等代行事業者協会…12, 72
　——に対する監督命令…………83
　——の業務………………………75
　——への情報提供………………84
　——への報告……………………79

◆ は行

廃業等の届出………………………42
賠償責任の分担……………………11
秘密保持義務………………………80
ブロックチェーン技術……………3
変更の届出……………………29, 41
報告又は資料の提出………………63

◆ ま行

みなし電子決済等代行業者………105

◆ ら行

利用者からの苦情に関する対応……78
利用者に対する説明等……………44

150 事項索引

利用者の保護に資する情報の提供……78
利用者保護…………………………………… 3

連携及び協働に係る方針………………135

逐条解説　2017年銀行法等改正

2018年6月15日　初版第1刷発行

監 修 者	井　上　俊　剛	
編 著 者	湯　山　壮一郎	波多野　恵　亮
	井　町　大　慧	西　澤　祐　樹
	竹　内　裕　智	
発 行 者	塚　原　秀　夫	

発 行 所　　株式会社 商 事 法 務
〒103-0025　東京都中央区日本橋茅場町3-9-10
TEL 03-5614-5643・FAX 03-3664-8844〔営業部〕
TEL 03-5614-5649〔書籍出版部〕
http://www.shojihomu.co.jp/

落丁・乱丁本はお取り替えいたします。　　　　　印刷／三報社印刷㈱
ⓒ 2018 Toshitake Inoue　　　　　　　　　　Printed in Japan
Shojihomu Co., Ltd.
ISBN978-4-7857-2644-7
＊定価はカバーに表示してあります。

JCOPY ＜出版者著作権管理機構　委託出版物＞
本書の無断複製は著作権法上での例外を除き禁じられています。
複製される場合は、そのつど事前に、出版者著作権管理機構
（電話 03-3513-6969、FAX 03-3513-6979、e-mail：info@jcopy.or.jp）
の許諾を得てください。